Dampf im Südwesten

Die letzten Dampflokomotiven und ihre Heimat-Bahnbetriebswerke in Baden-Württemberg und Unterfranken

Autor: Claus Ritter

Dem freundlichen Personal
der Deutschen Bundesbahn in den letzten Jahren
des Dampfbetriebs gewidmet

Dampf im Südwesten
Die letzten Dampflokomotiven und ihre
Heimat-Bahnbetriebswerke in Baden-Württemberg
und Unterfranken

Umschlaggestaltung BoD
Umschlagfotos Claus Ritter

ISBN: 978-3-7693-8906-7

© 2024 Claus Ritter
Verlag: BoD · Books on Demand GmbH,
Überseering 33, 22297 Hamburg, bod@bod.de
Druck: Libri Plureos GmbH,
Friedensallee 273, 22763 Hamburg

Inhaltsverzeichnis

I Vorwort

Alle hier gezeigten Fotos stammen aus meinem persönlichen Archiv, wurden in den Jahren 1969-75 aufgenommen und bisher noch nicht veröffentlicht. Die heutige Qualität beruht hauptsächlich auf den damals genutzten Geräten und Filmen.

Eingesetzt habe ich sowohl eine „Kodak-Instamatic", das war eine einfache Kassetten-Kamera, als auch eine schon recht passable Kleinbildkamera.

Das Filmmaterial war sehr unterschiedlich, außer den gängigen Markenfilmen von Agfa, Kodak und Fuji fanden auch die viel preiswerteren Eigenmarken von Quelle und Porst Verwendung. Ich musste ja als Schüler auf den Preis achten, denn gesponsert wurde mein Hobby kaum bis gar nicht.
Entsprechend unterschiedlich sind die heutige Farbgebung und Tiefenschärfe. Zusammenfassend kann man sagen, dass die Negative und Dias der teureren Markenfilme die lange Lagerdauer hinsichtlich der Farbqualität etwas besser überstanden als die Billig-Fabrikate.

Um das Jahr 1970 waren in Baden-Württemberg sowie im angrenzenden Südhessen und Unterfranken noch die Dampf-lok-Baureihen 03, 23, 38, 44, 50, 64, 65 und 78 planmäßig im Einsatz. Ihre Heimat-Bahnbetriebswerke waren Aalen, Aschaffen-burg, Crailsheim, Darmstadt, Heilbronn, Mannheim, Rottweil, Tübingen und Ulm. Die letzten dieser Dampfloks wurden 1976 in Crailsheim und Ulm aus dem Betrieb genommen.

II Einleitung

Als Kinder ließen wir uns gerne mal den Dampf durch die Nase ziehen. Bis Mitte der 1960er Jahre war das auch noch relativ einfach zu bewerkstelligen. Man brauchte sich dazu nur auf eine Brücke über eine Eisenbahnstrecke zu stellen und abzuwarten, bis eine Dampflok oder gleich ein ganzer Dampfzug durchfuhr. Und das geschah zu dieser Zeit noch relativ oft.

Die von unserer damaligen Wohnung nächstgelegene Brücke über eine Bahnstrecke war der „Kleinfeldsteg", eine Überführung für Fußgänger und Radfahrer über das Gleisvorfeld des Mannheimer Hauptbahnhofs. Dort konnte man sich prima in den Rauch stellen. Heute wird der Blick von undurchsichtigen und beschmierten Plexiglasscheiben versperrt. Damals sah man schon von weitem die heranfahrenden Dampflokomotiven. Wir unterteilten sie als Kinder lediglich in große und kleine.

Wie ich später herausfand, handelte es sich bei den „Kleinen" um „Tenderloks", die ihre Vorräte an Kohlen und Wasser im Tender und in Wasserkästen direkt auf der Lok mitführten. Die „Großen" waren hingegen Lokomotiven mit Schlepptender, die für Wasser und Kohle einen zusätzlichen Anhänger hinter der Lok mitschleppten.

Die Nummern, die auf allen vier Seiten der Lokomotiven angebracht waren, interessierten mich zunächst noch überhaupt nicht. Dies geschah dann aber spätestens im Jahr 1967, als mir eine „P8" auffiel, die ich als Modell aus dem Märklin-Katalog kannte, und deren Vorbild darin bereits als „selten" bezeichnet wurde.
Die P8 war eine ehemals preußische Personenzuglok („P" für Personenzuglok), die 1925 nach Gründung der Deutschen Reichsbahn als Baureihe 38 in deren Bestand übernommen wurde.

Auf den Lok-Nummernschildern, damals noch schön gestanzt, bezeichneten die ersten beiden Ziffern die Baureihe und der zweite Zahlenblock die laufende Nummer, die der Reihenfolge der gebauten Maschinen entsprach.
Die P8 gehörte zu den größeren Lokomotiven, unterschied sich jedoch im Aussehen erheblich von anderen großen Loks. Dies war darauf zurückzuführen, dass die Deutsche Reichsbahn die Baumuster vereinheitlichte, es entstanden ab 1925 die sogenannten Einheitsloks, die oft ein mehr oder weniger ähnliches oder, zumindest für den Laien, sogar gleiches Aussehen hatten.
Dieser Eindruck war auch insofern nicht mal so falsch, da einzelne Komponenten, wie zum Beispiel Kessel oder Fahrwerk, tatsächlich teilweise untereinander ausgetauscht werden konnten.

Die damals in Mannheim stationierten Tenderloks waren allerdings auch noch preußischen Ursprungs, es waren T16 ("T" für Tenderlok), die jetzt die Baureihennummer 94 trugen.

Für den Laien führe ich hier die Einteilung der Dampflok-Baureihen der Deutschen Reichsbahn und auch der späteren Deutschen Bundesbahn auf:
Baureihe 01 - 19 Schnellzugloks mit Schlepptender
           20 - 39 Personenzugloks mit Schlepptender
           40 - 59 Güterzugloks mit Schlepptender
           60 - 79 Personenzug-Tenderloks
           80 - 98 Güterzug-Tender- bzw. Rangierloks
           99   Schmalspurloks
Diese Einteilung gilt sinngemäß auch für Elektrolokomotiven:
E01 - E19 Schnellzugloks usw.

Nach dieser Übersicht war also die Baureihe 38, die frühere P8, eine Personenzuglok mit Schlepptender, die 94, ehemals T16, eine Güterzug-Tenderlok bzw. Rangierlok.

Die heute noch in Deutschland meist bei privaten Bahnen im touristischen und/oder musealen Bereich oder sogar noch im Personennahverkehr eingesetzten Dampfrösser, zum Beispiel auf der Harzquer- und Brockenbahn, beim „Rasenden Roland" auf Rügen und einige andere haben deswegen zumeist die Baureihennummer 99, weil sie auf Schmalspurgleisen unterwegs sind. So fährt zum Beispiel der Rasende Roland auf 75 cm schmaler Spur, bei der Harzquerbahn sind es genau ein Meter, während die Normalspur 1,435 m breit ist.
Letztere ist englischen Ursprungs, die erste öffentliche Eisenbahn von 1825 hatte dieses Maß (4 Fuß, 8,5 Zoll) bereits.

Außer den Tenderloks der Baureihe 94, die gemäß ihrer Bestimmung vor allem zum Rangieren oder vor Nahgüterzügen eingesetzt wurden, waren in Mannheim noch in größerer Anzahl Lokomotiven der Baureihe 50 stationiert, das waren eigentlich Güterzugloks mit Schlepptender, die aber aufgrund ihrer Vielseitigkeit auch im Personenzugdienst Verwendung fanden.

Einen für mich einzigartig schönen Blick von oben auf einen sehr umfangreichen Dampfbetrieb hatte man Anfang der sechziger Jahre auch von der Wohnung meiner Urgroßmutter in der Nähe des Bahnhofs Mannheim-Waldhof. Die Hauptstrecke von Mannheim nach Frankfurt wurde da ja gerade erst elektrifiziert.

Einen Fotoapparat hatte ich damals leider noch nicht, den bekam ich erst zu Weihnachten 1968, ich war elf Jahre alt.
Es war die bereits erwähnte Kodak-Instamatic. Nun konnte ich die letzten Dampfer auf Schienen endlich auch auf Zelluloid bannen.

III Es dampft noch in Mannheim und Umgebung

„Wir gewöhnen uns das Rauchen ab".
Das war ein bekannter Slogan der Deutschen Bundesbahn in den sechziger Jahren. Und im „Mannheimer Morgen", der Tageszeitung, konnte man zusätzlich lesen, dass, falls doch noch eine Dampfwolke über dem Hauptbahnhof zu sehen ist, die Neckartalstrecke daran Schuld sei.
Also höchste Zeit, die letzten noch fahrenden Dampfzüge zu beobachten, zu fotografieren und mit ihnen zu fahren.

Am Mannheimer Hauptbahnhof wurde das Beobachten und Fotografieren durch den damals noch vorhandenen Fußgängersteg über alle Bahnhofsgleise, der die Innenstadt mit dem Stadtteil Lindenhof verband, erheblich erleichtert. Denn man konnte nicht einfach so wie heute einen Bahnsteig betreten, sondern musste erst am Schalter für 40 Pfennige eine „Bahnsteigkarte" erwerben.
Für den Dampflokfan existierten also schon Beschwernisse, die es natürlich zu bezwingen galt.

Gegen Ende der sechziger Jahre fuhren täglich nur noch etwa ein halbes Dutzend Dampfzüge von Mannheim ab oder machten dort Station. So gab es am Morgen kurz vor acht den Eilzug E1559 Ludwigshafen am Rhein-Crailsheim. Nachmittags lief planmäßig um 15.17 Uhr der E1955 Heilbronn-Frankfurt am Main ein. Bei letzterem fand in Mannheim ein Lokwechsel statt, der Zug fuhr ab dort mit einer Elektrolok, das war meistens eine E41, nach Frankfurt weiter.

Zu dieser Zeit gab es die direkte Streckenführung nach Norden über den Mannheimer Hafen noch nicht, und die Züge mussten den Hauptbahnhof zunächst in Gegenrichtung bis zur Abzweigung Mannheim-Friedrichsfeld verlassen.
Nur die Züge, die den Rhein in Richtung Ludwigshafen überquerten, konnten geradeaus weiterfahren.

Während der morgendliche Dampf-Eilzug nach Crailsheim schon mindestens seit dem Sommerfahrplan 1969 von einer Neubaudampflok der Baureihe (BR) 23 befördert wurde, kam der nachmittägliche Eilzug aus Heilbronn fast immer noch mit einer der alten preußischen P8 an. Erst ab dem Winterfahrplan 1969/70 wurden die P8 auch bei letzterem Zug nach und nach von den 23ern ersetzt.

Außer diesen beiden Eilzügen fuhren am Nachmittag und frühen Abend ab Mannheim Hauptbahnhof noch vier oder fünf Personenzüge (heute Nahverkehrszüge genannt) mit Dampf ins Neckartal oder in den Kraichgau. Sie brachten die Pendler in ihre Heimatgefilde zurück. Gezogen wurden sie durchweg von Loks der BR 50.

Alle diese Dampfzüge fuhren noch bis zum Ende des Sommerfahrplans 1972. Danach begann der elektrische Betrieb der Neckartalbahn. Die Kraichgau-Strecke über Sinsheim nach Heilbronn wurde zwar zunächst immer noch von Dampfzügen befahren, aber nur von und bis Heidelberg. 1974 endete aber auch dort endgültig der Dampfbetrieb, und die Strecke wurde verdieselt.

An einen Tag im Februar des Jahres 1971 kann ich mich noch gut erinnern. Da fiel nämlich die Oberleitung über die Rheinbrücke nach Ludwigshafen aus.
Da das Bahnbetriebswerk (Bw) Mannheim zu dieser Zeit noch über genügend Dampflokomotiven der BR 50 verfügte, konnten alle Züge weiterbefördert werden, ohne dass es zu größeren Verzögerungen kam. Man fühlte sich an diesem Tag nochmals in die alte Zeit des Dampfbetriebs zurückversetzt.

Die Mannheimer T16 (BR 94) waren bis 1970 bereits alle ausgemustert oder an andere Bahnbetriebswerke abgegeben worden, sonst hätte man auch auf diese zurückgreifen können.

Zwar gab es auch schon einige Dieselloks der Baureihe V60 (260) in Mannheim, diese hätten die schweren Züge jedoch kaum schnell genug über die Rheinbrücke gebracht, da deren Leistung dafür nicht ausreichte.

Das letzte Einsatzgebiet außerhalb der Neckartalstrecke für die Mannheimer 50er war noch die kurze Nebenstrecke von Weinheim/Bergstraße nach Fürth im Odenwald, wo sie Ende 1970 die Darmstädter Tenderloks der BR 65 ablösten, die nach Aschaffenburg abgegeben wurden. Aufgrund ihrer relativ geringen Achslast konnten die 50er auch solche Nebenstrecken befahren. Die letzte Mannheimer Dampflok wurde dann Ende Dezember 1972 nach Nürnberg verabschiedet. Darüber berichtete sogar der „Mannheimer Morgen".

Bild oben: Die Heilbronner P8 mit Nummer 038 547-6 (seit dem 1.1.1968 hatten die Dampflok-Baureihen laut dem neuen computerlesbaren Nummernplan vorne zusätzlich eine Null, die

letzte Ziffer ist eine Kontrollnummer) ist mit ihrem Eilzug E 1955 in Mannheim Hbf auf Gleis 1 eingefahren, Sommer 1969.
Gut erkennt man die damals noch vorhandene Bahnhofshalle.

Die 038 547 hatte wie auch viele andere P8 zwei Dampfdome auf dem Kessel. Der Dampfdom bzw. einer der Dampfdome war für die Trocknung des Dampfs da, bevor dieser an die Zylinder geleitet wurde, da zum Fahren ein möglichst trockener Dampf benötigt wurde.
Der zweite Dampfdom, falls vorhanden, wurde für Nebenaggregate wie Zugheizung und Dampfpfeife benutzt.

Hier verlässt 038 547 den Bahnhof in Richtung Bw Mannheim zum Restaurieren (Kohlen- und Wasserübernahme). Im Hintergrund der heute längst verschwundene Bahnhofssteg. Diese Lok diente als Vorbild für den Modellbahnbauer Fleischmann.

Die Preußische P8 (BR 38) wurde von 1906 bis 1923 in über 3500 Exemplaren gebaut. Sie hatte eine Leistung von 1180 PS. Die Höchstgeschwindigkeit betrug vorwärts 100 km/h. Drei Achsen waren angetrieben und vorne hatte sie noch zwei Laufachsen.

Eingesetzt waren die P8 fast ausschließlich im Eil- und Personenzugdienst.

Bild oben: Auch die Heilbronner 038 626 kam bis zum Sommer 1969
mit dem E1955 im Schlepp noch häufiger nach Mannheim. Im
Gegensatz zur 038 547 hatte sie nur einen Dampfdom, was
offensichtlich ausreichte. Das viereckige Teil auf dem Kessel ist der
Sandkasten.
Der Sand wurde und wird auch heute noch beim Anfahren von
Lokomotiven verwendet, um die Reibung zwischen Rädern und
Schienen zu erhöhen.

Bilder oben: Zum letzten Mal sah ich im März 1970 eine P8 in Mannheim. Auch für die Drehscheibe des Mannheimer Hbf war das möglicherweise der letzte Einsatz.

023 016 in Mannheim, Februar 1970

Die Neubau- (das heißt nach dem 2. Weltkrieg gebauten) Loks der Baureihe 23 wurden in den Jahren 1950-59 in einer Stückzahl von 105 Maschinen hergestellt. Die letzte im Jahr 1959 von der Deutschen Bundesbahn in Betrieb genommene Dampflok ist die heute noch erhaltene 23 105.

Ausgestattet waren diese Loks mit der Achsfolge 1 C 1 (eine Laufachse, drei Treib- bzw. Kuppelachsen, eine Laufachse). Sie entwickelten eine Leistung von 1785 PS und wurden vor allem im Eil-, Personen- und leichten Schnellzugdienst eingesetzt.
Die zulässige Höchstgeschwindigkeit betrug vorwärts 110 und rückwärts 85 km/h. Laut der glaubhaften Erzählung eines Lokführers konnte die BR 23 aber fast 140 km/h erreichen.

Rückwärts durften Dampfloks auch deswegen meistens nicht so schnell wie vorwärts fahren, da der Lokführer dann auf der falschen Seite stand und die Strecke nicht so gut beobachten konnte.

Die zuvor mit dem E1955 eingefahrene 023 072 trifft bei der Rückfahrt zum Bw auf eine noch ganz neue E03 (103), Februar 1971.

Die Heilbronner 220 068, die ausnahmsweise statt einer Dampflok (auch so etwas kam schon mal vor) den E1995 nach Mannheim gebracht hatte, Dezember 1969.

023 038 in Mannheim, November 1969.

Die Güterzugloks der Baureihe 50 (die hier gezeigte 052 024 war auch eine 50er, wie später beschrieben) hatten die Achsfolge 1 E (eine Laufachse, fünf angetriebene Achsen) und wurden auch gerne vor Personenzügen eingesetzt, da sie vorwärts wie rückwärts für 80 km/h zugelassen waren, sie mussten also aus Fahrtgeschwindigkeitsgründen nicht auf einer Drehscheibe gewendet werden.

Sie wurden von 1939-48 in einer Stückzahl von insgesamt 3164 Exemplaren bei nahezu allen europäischen Lokomotivfabriken gebaut, die Leistung betrug 1625 PS.

Ein Personenzug mit 50er hat Mannheim in Richtung Heidelberg verlassen, Blick vom Kleinfeldsteg, 1969. Die Strecke Mannheim-Heidelberg war zwar schon seit längerer Zeit elektrifiziert, jedoch wäre ein Extra-Lokwechsel in Heidelberg zu aufwendig gewesen. So fuhren die ab Mannheim Hauptbahnhof in Richtung Neckartal und Kraichgau fahrenden Nahverkehrszüge bereits ab Mannheim mit Dampf.

Ein Besuch beim Bahnbetriebswerk Mannheim durfte für den Lokfan natürlich nicht fehlen. Es befand sich (und teilweise befindet es sich noch) in der Nähe des Mannheimer Rangierbahnhofs. Bis Ende 1972 hatte es drei Abteilungen: für Dampf-, Diesel- und Elektrolokomotiven.

Der Mannheimer Dampflokschuppen Anfang 1970, rechts die letzte Mannheimer T16

Der Dampflokschuppen des Bw Mannheim war selbst für mein damaliges Empfinden ein recht hässlicher Klotz, zumindest aber ein düsteres Gebäude, im Vergleich zu so „schönen" Bws wie etwa Heilbronn. Anfang 1970 hatte ich im Rahmen eines Tages der Offenen Tür Gelegenheit, das Mannheimer Bahnbetriebswerk zu besichtigen. Im Inneren gab es eine Schiebebühne, wo man die Loks recht komfortabel und einfach von einem Gleis zum anderen verschieben konnte. Leider war es im Inneren des Schuppens für meine damalige Fotoausrüstung viel zu dunkel, um Aufnahmen zu machen.

Blick in die andere Richtung auf die 094 539 und den Wasserturm im Hintergrund.

Die 094 539 war die letzte Mannheimer T16. Lampen und ein Teil des Gestänges der bereits auf „z" (von der Ausmusterung zurück-) gestellten Lok sind abmontiert, damals vermutlich eher noch vom Bahnpersonal als von Langfingern.
Die Ausmusterung erfolgte im September 1970.
Diese Lok diente als Vorbild für die Modellbahnhersteller Trix und Märklin.

Die preußische T16, später als BR 94 bezeichnet, wurde zwischen 1905 und 1924 in über 1500 Stück für den Güterzug- und schweren Rangierdienst gebaut. Sie hatte die Achsfolge E (5 Treib- oder Kuppelachsen), die Leistung betrug 1070 PS.

Das Bw Mannheim im Sommer 1971. Außer den „hauseigenen" 50ern sieht man links eine Crailsheimer 23.

Der „hässliche Klotz" im Februar 1971, rechts eine V60

Nur wenige Kilometer von Mannheim entfernt konnte man bis 1970 noch die Neubau-Tenderloks der Baureihe 65 antreffen. Sie waren damals in Darmstadt stationiert und wurden auch auf der Nebenstrecke Weinheim-Fürth i.O. (im Odenwald) eingesetzt.

065 001 steht abfahrbereit in Weinheim/Bergstraße,1969.

Diese relativ großen und schweren Tenderloks waren von 1951-56 in nur noch 18 Exemplaren gebaut worden. Ursprünglich sollten sie mehrere andere, schon etwas in die Jahre gekommene Tenderlok-Baureihen ersetzen. Durch den Strukturwechsel hin zur Diesel- und Elektrolok kam es nur noch vereinzelt dazu.

Bis 1970 waren die Darmstädter 65er auch auf der schönen und anspruchvollen Odenwaldstrecke von Darmstadt nach Eberbach am Neckar im Einsatz, bevor diese verdieselt wurde.

Eine Besonderheit der 65 war deren Dampfregler, der im Gegensatz zu den „normalen" Reglern statt von rechts nach links hin- und hergeschwenkt, horizontal hinein- und heraus- geschoben bzw. gezogen werden musste.

Eine 65er mit Personenzug bei Birkenau, 1970.

065 008 etwa an gleicher Stelle, 1970.

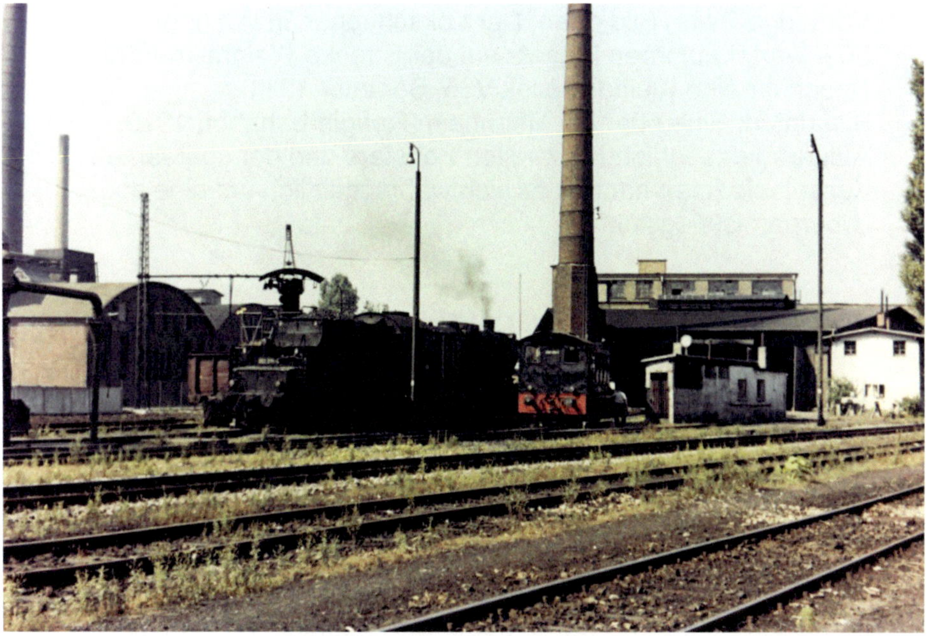

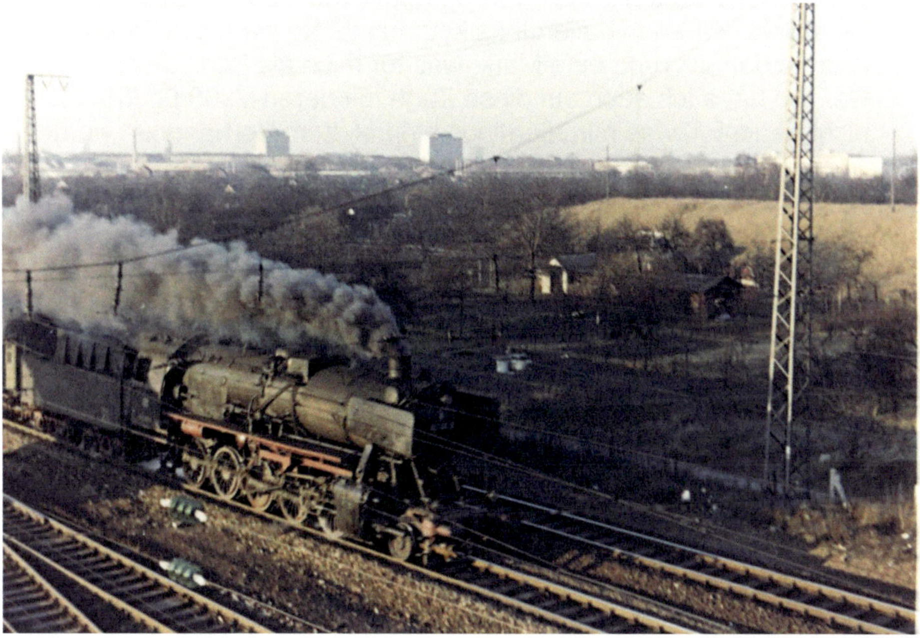

Vorherige Seite, Bild oben: Der Lokschuppen in Weinheim, eine 50er wartet auf ihren Einsatz auf der Strecke Weinheim-Fürth i.O. Neben ihr eine Kleindiesellok V36, Sommer 1971.
Bild unten: Eine 50er bei Mannheim-Rangierbahnhof, 1970. Aufgrund des fehlendes zweiten Fensters und der sparsamen Kesselaufbauten handelt es sich wahrscheinlich um eine sog. „Übergangskriegslok".

IV Mit Dampf durch das Neckartal

Eine der landschaftlich schönsten (Bahn-)Strecken in Baden-Württemberg ist das Neckartal. Bis zum Anfang der 1970er Jahre verkehrten dort auf weiten Strecken vorwiegend Dampfzüge. So auch auf dem Abschnitt Heidelberg-Heilbronn, bis der elektrische Zugbetrieb mit Beginn des Winterfahrplans 1972/73 begann.

Die einzigen Züge, die auf dieser Strecke und zu dieser Zeit mit Dieselantrieb fuhren, waren außer den Schienenbussen die Schnellzüge Saarbrücken-Nürnberg, die von V200 gezogen wurden. Dieselloks waren mir allerdings kaum ein Foto wert. Ein Farbbild kostete damals rund eine Mark, was für mich als Schüler viel Geld war. So habe ich auch auf diese Züge mit deren V200 überhaupt nicht geachtet, was mir allerdings einmal „zum Verhängnis" wurde.

Es war im Jahr 1970, den Tag weiß ich nicht mehr. Offenbar war eine V200 ausgefallen, und man hatte auch keinen Diesel-Ersatz. So wurde der Schnellzug Saarbrücken-Nürnberg ausnahmsweise von einer großen Dampflok, sehr wahrscheinlich einer der letzten 01 des Bw Ehrang bei Trier, gezogen. Damit hatte ich aber überhaupt nicht gerechnet, ich war viel zu weit weg und in einem zu schlechten Winkel, um ein vernünftiges Foto machen zu können (so etwas Tolles wie eine Teleobjektivausrüstung besaß ich damals natürlich nicht). Ich konnte die Lok nicht mal genau erkennen. Den harten, hallenden Auspuffschlag hab ich aber heute noch in den Ohren.

Im Winter war die Rauchentwicklung bei den Dampfloks besonders schön, wie die nachfolgenden Aufnahmen beweisen.

Diese 23er verlässt mit dem morgendlichen Eilzug E1559
Ludwigshafen-Crailsheim am 2.1.1971 Eberbach/Neckar
in Richtung Heilbronn.
Bis dorthin bin ich an diesem Tag (im Zug) mitgefahren.

Am gleichen Tag läuft eine 50er mit einem schon damals alten und gemütlich wirkenden Wagenzug in Eberbach ein.

Folgende Seite:
023 048 mit kurzem Personenzug und eine 50er mit einem längeren Güterzug habe ich ebenfalls am 2. Januar 1971 bei Eberbach fotografiert.

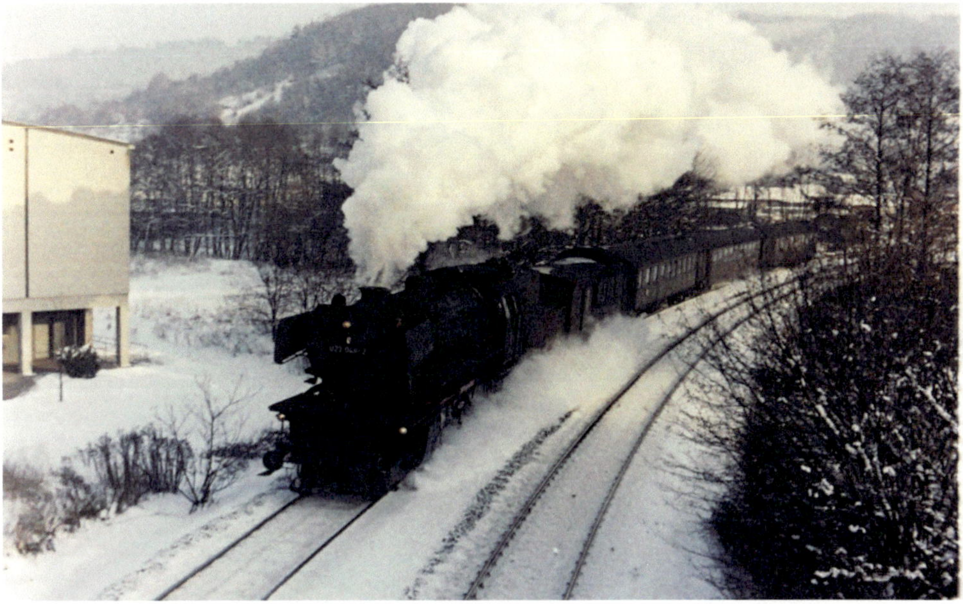

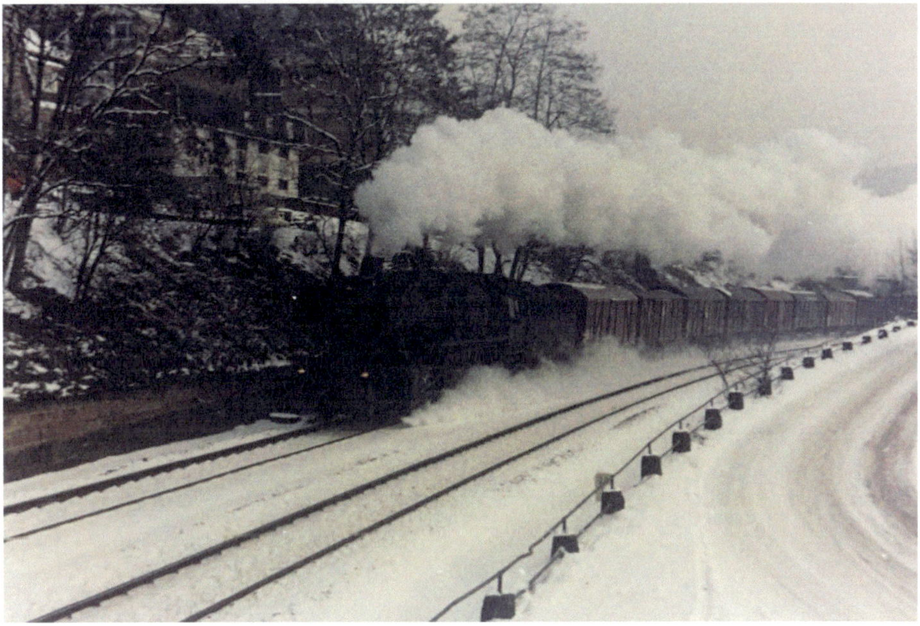

Vorhergehende Seite und oben: Die 023 016 hat mit ihrem Eilzug, bestehend aus „Silberlingen" und einem Postwagen direkt hinter der Lok, die damals übliche Kombination für Eilzüge, Heidelberg verlassen und eilt in Richtung Heilbronn.

Die Masten für die Oberleitung und auch die Fahrdrähte sind bereits verlegt und deuten im Sommer 1972 auf den bald beginnenden elektrischen Betrieb hin.

Dieser Dampf-Personenzug mit 23er und historisch anmutenden Wagen trifft auf ein ebensolches Auto. Unklar ist, wer damals wen kurz vor Neckargemünd überholt hat. Sommer 1970.

Noch fahren sowohl Schienenbusse als auch Dampfzüge durch das Neckartal, ein Bild, das in wenigen Monaten der Vergangenheit angehören wird, Frühjahr 1972.

Auf der nachfolgenden Seite verlässt 023 029 mit einem Eilzug Neckargemünd in Richtung Heidelberg, Frühjahr 1972.

Eine 50er kommt mit ihrem Personenzug und guter Rauchentwicklung aus dem 2487 Meter langen Heidelberger Königstuhl-Tunnel. Frühjahr 1971.

Der typische Dampf-Eilzug bis 1972 im Neckartal: 23er mit Postwagen vor den Silberlingen. Hier bei Schlierbach- Ziegelhausen.

V Das Königliche Bahnbetriebswerk Heilbronn

Das Bahnbetriebswerk Heilbronn ist das einzige teilweise erhalten gebliebene Betriebswerk aus der Länderbahnzeit in Baden-Württemberg, also aus der Epoche der Königlich-Württembergischen Staats-Eisenbahnen. In Betrieb genommen wurde es 1893.

Heute existiert davon immerhin noch der Ringlokschuppen im Originalzustand, die ebenfalls noch vorhandene Drehscheibe ist neueren Datums. Die Bekohlungs- und Besandungsanlage, kurz nach dem 2. Weltkrieg aufgrund der Zerstörungen neu gebaut, wurde in den 80er Jahren leider abgerissen.
Bis vor einigen Jahren war das ehemalige Bw Heilbronn als „Süddeutsches Eisenbahnmuseum" für die Öffentlichkeit zugänglich. Es beinhaltete und beinhaltet möglicherweise auch heute noch eine

illustre Sammlung von Waggons und Lokomotiven, die allerdings wenig Ähnlichkeit mit dem dort zum Ende der Dampflokzeit stationierten rollenden Material hat.

Das Museum war Unterkunft und Werkstätte für Fahrzeuge diverser Eisenbahnvereine, zum Beispiel der Ulmer Eisenbahnfreunde. Viele schöne Eisenbahnfeste fanden dort an manchen Wochenenden statt, woran auch die Kinder ihren Spaß hatten.

Zum Zeitpunkt der Niederschrift dieses Büchleins (Ende 2024/ Anfang 2025) ist jedoch das Museum für Besucher geschlossen. Der Eigentümer liegt mit dem Betreiber im Streit und die Zukunft des Süddeutschen Eisenbahnmuseums ist ungewiss.

Wir wollen uns hier aber sowieso vor allem an die gute alte Zeit erinnern, als der planmäßige Dampfbetrieb auch das Bahnbetriebs- werk Heilbronn noch fast vollständig beherrschte. Die folgenden Fotos zeigen es in den Jahren 1970 und 1971.

1970 beheimatete das Bw Heilbronn noch Dampfloks der Baureihen 38, 50 und 64. Der größte Teil des P8-Bestandes wurde aber im Lauf dieses Jahres an das Bw Tübingen abgegeben, weil deren Aufgaben weitgehend von den 23ern des Bahnbetriebswerks Crailsheim übernommen worden waren, so vor allem der Einsatz auf der Neckartalbahn im Eil- und Personenzugdienst.

Die Strecke in östlicher Richtung mit ihrer Steigung bei Schwäbisch Hall-Hessental war ohnehin schon länger eine Domäne der viel stärkeren 23er und natürlich auch der kraftvollen 44er, die dort der Steigung wegen teilweise sogar im Personenzugdienst eingesetzt wurden.

Es verblieben für die P8 zunächst noch Personenzugeinsätze auf der Strecke Heilbronn-Osterburken.

Das erste Mal besuchte ich das Bw Heilbronn am 11. Oktober 1970. An diesem Tag fand der „Tag der DB" in Heilbronn statt. Das war ein in diesem Herbst in verschiedenen Städten von Baden-Württemberg stattfindender Tag der Offenen Tür der Deutschen Bundesbahn, der neben den Hauptbahnhöfen auch die Bahnbetriebswerke umfasste. Ein Pendelbusverkehr zwischen Hauptbahnhof und Bw, das sich im Stadtteil Böckingen befand, war eingerichtet. Also nichts wie schnell dort hin.

Am Eingang zum Bahnbetriebswerk hing ein Schild mit der Aufschrift „große Dampflokschau" und bei einer T18 (BR 78) konnte deren Führerstand über eine Treppe besichtigt werden. Dies habe ich leider nicht fotografiert, dafür aber die nachfolgenden Aufnahmen gemacht.

Fasziniert hatte mich sofort die 038 499, die mit leuchtenden Farben herausgeputzt dastand.

Der anwesende Lokführer meinte jedoch, vielleicht ja nur spaßeshalber, es sei lediglich der Dreck übersprüht worden.

Jedenfalls konnten sich die Besucher auf dem Führerstand der Lok ein paar Meter hin- und hergefahren lassen, damals völlig kostenlos, und ich durfte sogar die Dampfpfeife betätigen.

Die P8 bei der Deutschen Bundesbahn hatten oft die Wannentender von bereits ausgemusterten Kriegsloks der Baureihe 52, die sowohl ein höheres Fassungsvermögen als die Originaltender hatten, als auch eine höhere Geschwindigkeit beim Rückwärtsfahren ermöglichten (bis zu 85 km/h gegenüber nur 50 km/h bei den Originaltendern). Davon abgesehen finde ich, dass die Wannentender auch optisch besser mit der P8 harmonierten (vergl. die P8 mit Kastentender im Kapitel über Tübingen).

Hier sieht man noch mal das schön herausgeputzte Triebwerk der alten Preußin.

Der Blick von der Tenderseite der 038 499 in Richtung Drehscheibe und Lokschuppen, rechts eine V100.

Die 038 499 war 1919 von Linke-Hoffmann in Breslau gebaut worden. Mit ihren 51 Jahren war sie 1970 eine der ältesten noch im Regelbetrieb fahrenden Dampflokomotiven Deutschlands. Ihr Kilometerstand betrug, wenn ich mich richtig erinnere, 2,9 Millionen Kilometer.
Sie war damals planmäßig im Personenzugdienst auf der Strecke Heilbronn-Osterburken im Einsatz.

Folgende Seite:
Auf den Freiständen des Bw Heilbronn gab es noch eine Menge anderer Dampfloks zu sehen, mehrere „Bubiköpfe"(64er), 50er, 23er und auch vereinzelt schon Dieselloks wie die 220 068, die die erste und womöglich einzige V200 beim Bw Heilbronn war.
Diese großen und formschönen Dieselloks waren selbst damals nicht mehr ganz neu, sie wurden bereits seit 1953 gebaut. Bei der DB wurden die V200 nicht sehr alt, keine erreichte dort eine Einsatzdauer von 30 Jahren. Einige dieser Loks wurden aber an private, auch ausländische Eisenbahngesellschaften verkauft und waren dort noch länger im Einsatz.

Der Blick in die andere Richtung zeigt uns nochmals
038 499, die auf einer Löschgrube stand, wegen der
Sturzgefahr eigentlich ein zu gefährlicher Ort für Besucher.
Links hinten sieht man die heute nicht mehr vorhandene
Großbekohlungsanlage, wo am Abend des 11.10.1970,
einem Sonntag, nichts mehr los war.

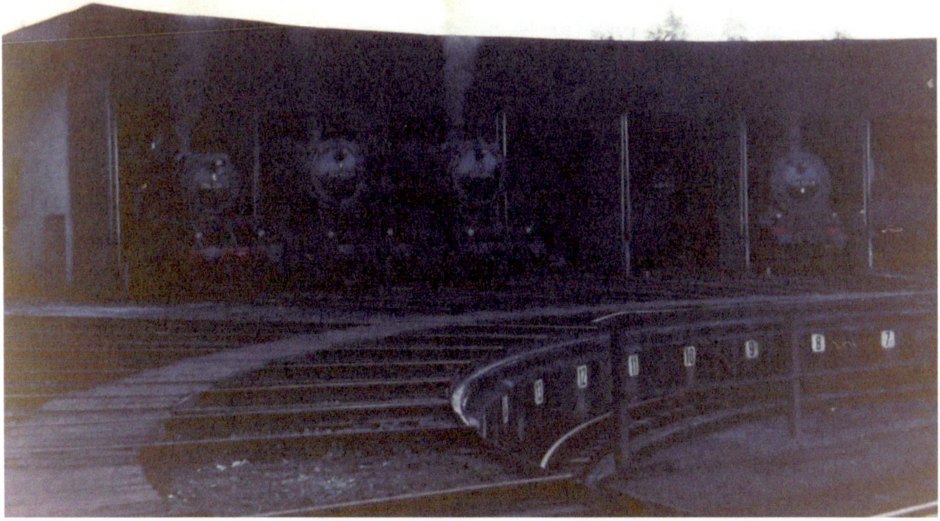

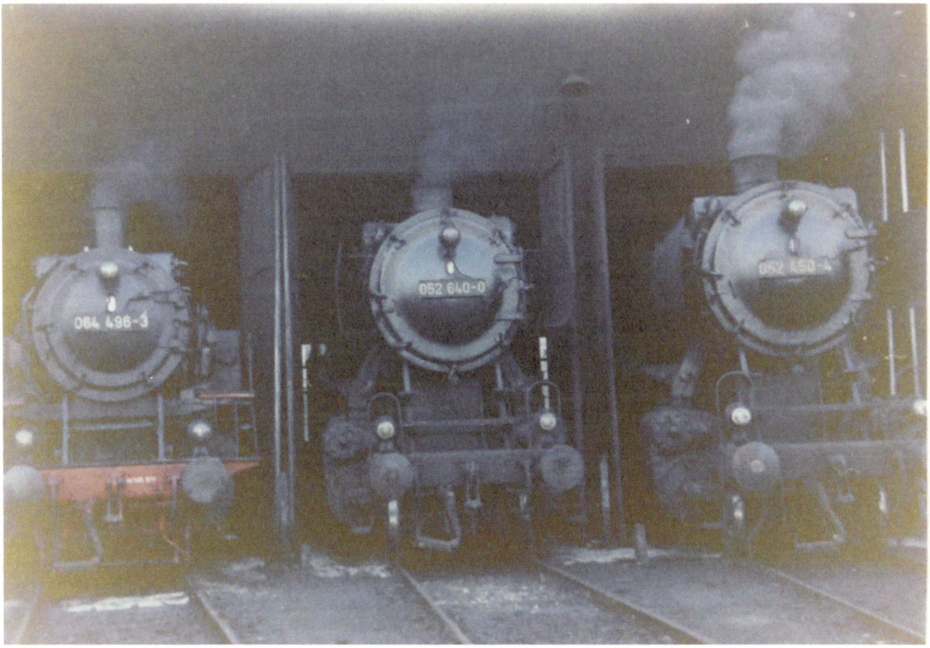
064 496-3
052 640-0
052 450-4

Vorherige Seite:
Der Lokschuppen des Bw Heilbronn am Abend des 11.10.1970.
Links im Schuppen standen an diesem Abend 064 496, 052 640 und
052 450.

Ab 1. Januar 1968 hatten die Lokomotiven der Bundesbahn neue
Computernummern erhalten. Dampfloks bekamen, wie bereits
erwähnt, zusätzlich vorne eine Null, Elektroloks statt des „E" eine
Eins und Dieselloks statt des „V" (was „Lokomotive mit Verbren-
nungsmotor" hieß) eine Zwei.

Dampflokomotiven der Baureihe 50 hätten so eigentlich (alle) zur
050 werden müssen. Da der zweite Ziffernblock jetzt jedoch nur
noch 3-stellig statt 4-stellig war, und im Jahr 1967 noch mehr als
tausend 50er vorhanden waren, erhielten diese zusätzlich zu 050
noch die Nummern 051, 052 und 053.

Eine 052 bei der Bundesbahn war also, was man hätte annehmen
müssen, keine Lok der BR 52 (die BR 52 war als „Kriegslok" die
meistgebaute deutsche Dampflok, praktisch eine vereinfachte BR
50), sondern ebenfalls eine 50er.

Die Lokomotiven der BR 52 waren zu dieser Zeit bei der Deutschen
Bundesbahn bereits alle ausgemustert, so dass diese Nummer von
den 50ern mitbenutzt werden konnte.

Anders bei der Deutschen Reichsbahn der DDR, dort war die BR 52
noch in größerer Zahl im Einsatz. Aber die Reichsbahn führte 1970
einen anderen neuen Nummernplan ein, ohne die „0" bei den
Dampfloks und mit 4-stelligem Zahlenblock, so dass man dort nicht
„tricksen" musste, jedenfalls nicht in diesem Fall.

Rechts im Schuppen des Bw Heilbronn sah man am Abend des 11. Oktober 1970 die 038 631, die kurze Zeit später nach Tübingen kam, inmitten zweier 50er mit Kabinentender, wovon Heilbronn noch eine größere Anzahl besaß.

Der Heilbronner "Bubikopf" 064 496 am 11.10.1970

und der Crailsheimer "Jumbo" 044 557 am 30.10.1970 auf der
Drehscheibe des Bw Heilbronn

Bereits am 30. Oktober 1970 besuchte ich das Bw Heilbronn wieder, wir hatten Herbstferien.
Unter der Großbekohlungs- und -besandungsanlage standen an diesem Tag auch die Crailsheimer 023 048 und die Heilbronner 050 495, eine der wenigen 50er der Bundesbahn mit „Schürze" (vorderes Umlaufblech).

Sowohl die Bekohlungs- als auch die Besandungsanlage sind heute beim „Süddeutschen Eisenbahnmuseum" bzw. dessen etwaiger Nachfolgeeinrichtung nicht mehr vorhanden, so dass ein wirklich realistischer und alltäglicher Dampflokeinsatz mitsamt notwendiger Aus- bzw. Aufrüstung kaum noch dargestellt werden könnte.

Zu Besuch in Heilbronn war am 30.10.1970 die bestens gepflegte 050 383 aus Tübingen. Aber auch 064 419 blamierte ihr Heimat-Bw Heilbronn heute nicht.

Und selbst die Crailsheimer 23 machte einen recht ansehnlichen Eindruck.

038 499 hatte einen „Reparaturzettel" an der rechten Laterne. Was drauf stand, weiß ich nicht mehr genau, aber schlimm klang es nicht. Links 038 958.

Der Heilbronner Lokschuppen war am 30. Oktober 1970 gut besucht, und auch die 220 068 schien sich unter den vielen Dampfrössern wohlzufühlen.

Leider musste ich schon bald zurück. Natürlich bin ich am Morgen mit dem Dampf-Eilzug E1559 Ludwigshafen a. Rh.- Crailsheim nach Heilbronn gefahren, und weil ich auch gerne mit Dampf die ganze Strecke nach Mannheim zurückfahren wollte, ging das nur mit dem Eilzug E1955 Heilbronn-Frankfurt, aber der fuhr schon gegen 13.30 Uhr von Heilbronn Hbf ab. Beide Eilzüge fuhren durch das schöne Neckartal und wurden planmäßig von 23ern gezogen.

Die nachfolgenden Bilder stammen von einem weiteren Besuch beim Bw Heilbronn am 13. Juni 1971. Hier bietet sich uns schon ein ganz anderes Bild als ein dreiviertel Jahr zuvor: Abgestellte, bereits ausgemusterte oder auf „z" (von der Ausmusterung zurück-) gestellte Loks standen in Reihen.

Im Bw Heilbronn, 13.Juni 1971

Auch 038 499 und 064 235 waren leider schon ausgemustert, die 050 495 noch im Einsatz.

Immerhin herrschte aber auch noch ein reger Dampfbetrieb. Allgegenwärtig waren jetzt die Crailsheimer 23er, die von Heilbronn aus in alle Richtungen eingesetzt wurden.

Erfreulicherweise waren im Juni 1971 auch noch einige „Bubiköpfe" (BR 64) im Bw Heilbronn beheimatet. Sie wurden hauptsächlich auf der Strecke Heilbronn-Eppingen im Personenzugdienst eingesetzt.

Zu sehen waren natürlich auch noch recht viele Heilbronner und Mannheimer 50er sowie die großen „Jumbos" (BR 44) aus Crailsheim.

Aber die Dampfrösser machten allgemein schon einen viel weniger gepflegten Eindruck als im Herbst des Vorjahres. Man fuhr jetzt offenbar schon weitgehend nur noch auf Verschleiß.

An diesem 13. Juni 1971 hatte ich im Bw Heilbronn ein Gespräch mit einem bärtigen Lokführer, der stark unter Heuschnupfen litt. Ich fragte ihn, ob er es mir ermöglichen könnte, auf der Lok für den E1955, normalerweise immer eine 23er, nach Mannheim zurück zu fahren, was dieser bejahte, er kenne den Kollegen. Wie sich jedoch herausstellte, fuhr der Eilzug ausnahmsweise an diesem Tag mit einer 50er, die aber gerade schon das Bw verlassen hatte.

Dies war einerseits Pech, andererseits war ich mit einer 50er bereits schon einmal mitgefahren (von Mannheim-Rangierbahnhof bis Heidelberg-Wieblingen, ich hatte den Lokführer darum gebeten), was eine ziemliche Rüttelei war, worauf ich nicht mehr unbedingt Bedarf hatte. Mit der moderneren 23er wäre ich natürlich schon gerne mal gefahren.

Den Personenzug nach Eppingen konnte man vom Bahnbetriebswerk in Heilbronn-Böckingen aus vorbeifahren sehen. Meist hatte er die charakteristischen dreiachsigen Umbauwagen.

064 289 unter der Großbekohlungsanlage

und die Crailsheimer 044 374 auf der Drehscheibe des Bw Heilbronn am 13. Juni 1971

Eine 23er unter der Besandungsanlage des Bw Heilbronn, 13.6.1971

Ich habe das Bw Heilbronn in den folgenden Jahren noch einige Male besucht, mit jedem Besuch wurden die Dampfloks weniger und die Dieselloks mehr. Bei meinem letzten Besuch im Jahr 1975 stand genau noch eine einzige Dampflok im Bw, eine 50er.

Vor meinen Besuchen habe ich mich meistens bei der Heilbronner Lokleitung angemeldet. Man war dort immer sehr freundlich, und ich durfte mich frei bewegen und fotografieren. Das war nicht unbedingt selbstverständlich,

Die Räumlichkeit der ehemaligen Lokleitung des Bw Heilbronn war erfreulicherweise auch beim „Süddeutschen Eisenbahnmuseum" noch vorhanden, vermutlich ist sie es bis auf den heutigen Tag.

VI Aalen, Hochburg der T18

Das Bw Aalen besuchte ich erstmals im April 1971. Ich machte damals in den Osterferien mit meiner Oma Urlaub in Untergröningen, das ist ein kleinerer Ort, etwas mehr als 20 Kilometer nordwestlich von Aalen. Mein Fahrrad, ein 10-Gang Sportrad, hatte ich mitgenommen.

Aalen war mir aus dem einschlägigen Bundesbahn-Magazin „DB mit Pfiff" bekannt als die letzte Hochburg der Baureihe 78, also der alten preußischen Tenderlok T18.

Also nichts wie aufs Fahrrad geschwungen und nach Aalen. Das dortige Bahnbetriebswerk war dem Bw Heilbronn recht ähnlich, es gab ebenfalls einen Ringlokschuppen mit Drehscheibe. Allerdings ging es zumindest zu diesem Zeitpunkt in Aalen wesentlich ruhiger zu, es war ja auch Sonntag, genauer gesagt Weißensonntag, der 4. April 1971.

Im Lokschuppen fand ich drei kalt abgestellte T18 vor, die 078 062, 256 und 297. Ansonsten noch eine 23er und eine oder zwei 50er.

Bei einem Gespräch mit einem der wenigen anwesenden Bediensteten, möglicherweise dem Drehscheibenwärter, erfuhr ich, dass zwei der drei 78er am Dienstag nach Ostern angeheizt werden sollten.

Der planmäßige Einsatz der T18 im Wendezugbetrieb Aalen-Schorndorf war bereits im Jahr zuvor eingestellt worden, und die jetzt noch in Aalen stationierten 78er wurden nur noch für Sondereinsätze, zum Rangieren oder vor Bauzügen eingesetzt.

Der Lokschuppen des Bw Aalen am 04. April 1971, außer einer 23 und
einer 50er standen drei T18 im Schuppen, alle vorwärts "eingeparkt", die
Rauchauslässe befanden sich also im hinteren Bereich des Schuppens.

Und solche Sondereinsätze sollten nunmehr am Dienstag nach
Ostern, dem 13. April 1971, stattfinden.
Der normalerweise morgendlich fahrende Schienenbus
Aalen-Ulm-Munderkingen wurde aufgrund des erwarteten höheren
Fahrgästeaufkommens durch einen richtigen Personenzug ersetzt.
Gezogen von einer 78!

Da hieß es zeitig raus an diesem Tag, fürs Frühstück in der Pension
war es noch zu früh, also Fresspaket mitgenommen. Die Abfahrts-
zeit des Personenzugs in Aalen war auf kurz vor 08.00 Uhr
angesetzt, vielleicht 07.57 Uhr, genau weiß ich es nicht mehr, und
ich wollte natürlich etwas früher vor Ort sein.

Und hier stand bereits eine der beiden an diesem Tag eingesetzten T18, die 078 297, unter dem Kohlekran.
Dieser war, wie hier zu sehen, mindestens zwei Nummern kleiner als die Heilbronner Bekohlungsanlage.

Da es damals noch keine Sommerzeit gab, waren die Lichtverhältnisse am 13. April auch schon vor 07.00 Uhr morgens recht gut.

Nach dem Bekohlen stieg der Heizer seiner Lok noch aufs Dach, um die danebengefallenen Kohlenstücke abzukehren.
Sie sollten ja nicht bei rasanter Vorbeifahrt herunterfallen und etwas beschädigen oder gar jemanden verletzen!

Jetzt musste nur noch Wasser gefasst werden und schon konnte es losgehen. Feuer war offenbar bereits genügend im Kessel.

078 297 beim Wasserfassen im Bw Aalen

Dann holte 078 297 ihren Personenzug vom Abstellgleis und fuhr mit ihm das kurze Stück zum Bahnhof.

Dort stand man zur Abfahrt bereit.

Der Heizer freute sich offenbar. Er hatte ja auch schon kräftig vorgeheizt.

Dann konnte die alte Lok endlich bei der Abfahrt zeigen, was immer noch in ihr steckte.

Folgende Seite:

Die zweite der für diesen „Großkampftag" angeheizten T18 ist die 078 256. Schlau, wie die Schwaben nun mal sind, haben sie die gepflegtere der beiden Maschinen für den „Fernverkehr" eingesetzt. Man wollte sich ja auswärts nicht blamieren. Für Bauzüge und zum Rangieren rund um Aalen reichte die weniger gepflegt aussehende 078 256 ja vollkommen aus.

Aber auch sie zeigte eine gute Dampfentwicklung und machte der V200 mit ihrem Postzug fast schon Angst.

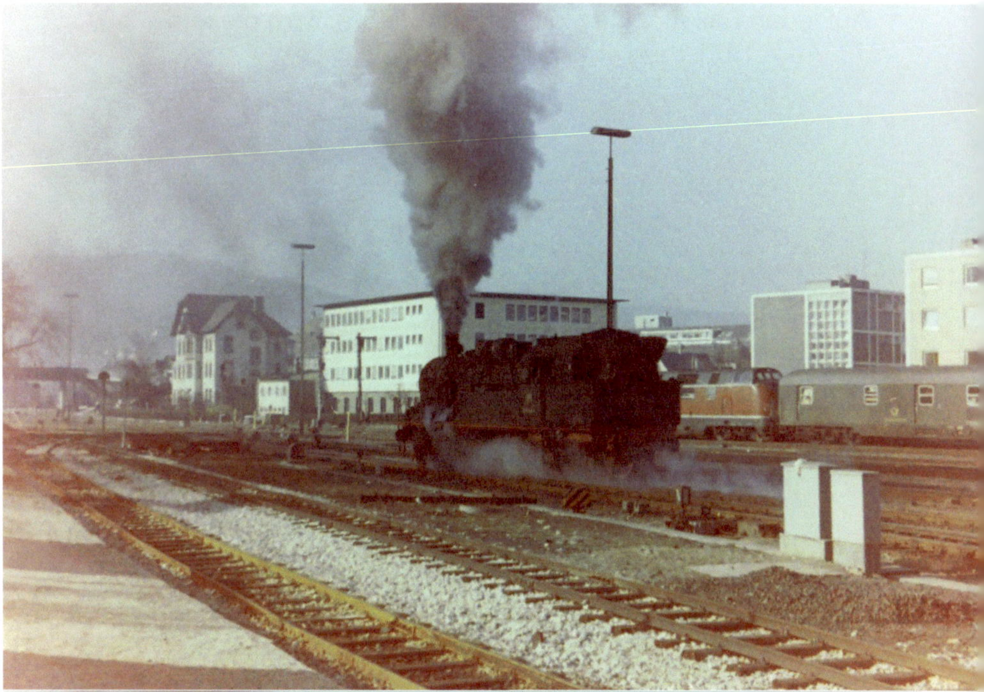

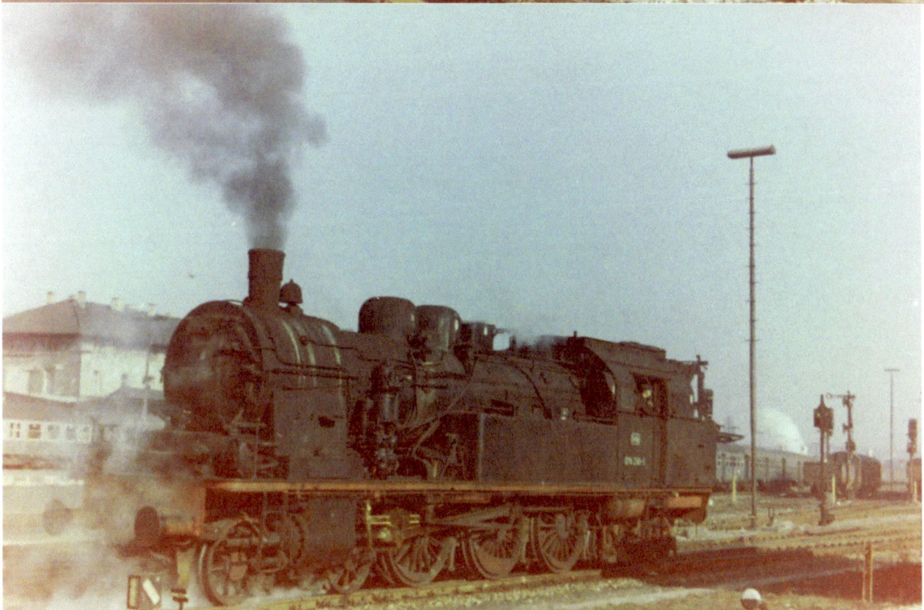

Auf jeden Fall machte sich auch die 078 256 an diesem
13. April 1971 rund um Aalen recht nützlich.

Zwischenzeitlich hatte die im Bw Aalen bereitgestandene 023 038 am 13.04.1971 ebenfalls noch einen Einsatz.

Während 078 297 später im Bw Ulm „übernachtete", kehrte
078 256 zum Feierabend ins Heimat-Bw Aalen zurück.

Dort holte sie allerdings ein anderer Lokführer nochmals aus dem
Schuppen heraus, nur um ein Foto zu machen. Wie damals natürlich
bereits (fast) jeder wusste, waren die Tage der Dampfloks allgemein
und die der T18 insbesondere schon sehr gezählt.

Auf meinen Vorschlag bzw. meine Bitte habe ich sowohl ihn als
auch er mich fotografiert.

Das Bild, das der freundliche Lokomotivführer am 13.4.1971 von der 078 256 und mir machte. In den Schuppen durfte ich anschließend auch noch mit hineinfahren.

Die 78 empfand ich irgendwie als die formschönste Dampflok überhaupt, von ihr wurden in den Jahren 1912-27 insgesamt 544 Stück gebaut. Sie war eine der stärksten und schnellsten deutschen Tenderloks, wirklich übertroffen wurde sie nur von den beiden für die Reichsbahn gebauten Stromlinienloks der Baureihe 61 (eine der beiden 61cr wurde 1961 in die Schnellfahrlok 18 201, später als 02 0201 bezeichnet, umgebaut).

Die Leistung der T18 betrug 1140 PS, die zugelassene Höchstgeschwindigkeit 100 km/h in beiden Richtungen.

Einige 78er wurden bei der DB im Wendezugbetrieb eingesetzt und hatten dafür eine spezielle Einrichtung: Wenn die Lok am Zugende schob, bediente der Heizer diese allein, der Lokführer saß im ersten Wagen und gab ihm über Funk die entsprechenden Anweisungen.

VII Ulmer Einzelstücke

Das Bw Ulm war Ende der sechziger und Anfang der siebziger Jahre des letzten Jahrhunderts das einzige Bahnbetriebswerk in Baden-Württemberg, das noch echte Schnellzugdampfloks beheimatete.

Man hatte dort die letzten Lokomotiven der Baureihe 03 der Deutschen Bundesbahn zusammengezogen, und das waren zu Beginn des Jahres 1971 noch genau 10 Exemplare dieser Gattung.

Richtige Schnellzüge wurden von diesen allerdings nicht mehr bespannt, wohl aber alle Eilzüge zwischen Ulm und Friedrichshafen am Bodensee.
Außerdem soll laut eines mir vorliegenden Schreibens des Bw Ulm vom 10.2.1971 zu diesem Zeitpunkt auch noch die Strecke Ulm-Crailsheim-Lauda von 03ern befahren worden sein, und selbst bis nach Heilbronn sollten sie gelegentlich kommen.

Dies mag so durchaus gewesen sein, jedoch habe ich auf diesen Strecken bzw. an diesen Orten zwischen 1970 und 1972 nie welche gesehen, so oft ich auch darauf gelauert habe. Wahrscheinlich waren die entsprechenden Leistungen von den viel zahlreicheren Crailsheimer 23ern übernommen worden.
Bei einem meiner Besuche beim Bw Crailsheim wurde mir aber glaubhaft versichert, dass am Vortag zwei 03 dort zur Wartung gewesen seien. Man kann halt nicht immer Glück haben.

Während die letzten Schnellzugloks der Baureihe 03 bei der Deutschen Bundesbahn im Jahr 1972 ausgemustert und durch Dieselloks ersetzt wurden, waren die 03er bei der DDR-Reichsbahn noch einige Jahre länger im Einsatz. Gut fünfzig dieser Maschinen waren dort ja gerade erst „rekonstruiert", das hieß vor allem mit anderen Kesseln versehen worden.

Hier sieht man das Bahnbetriebswerk Ulm mit dem Ulmer Münster im Hintergrund, ein schönes Fotomotiv.

Auf den Freiständen stehen außer einigen Loks der BR 50 eine 03 sowie die größte und schwerste jemals gebaute deutsche Diesellok, die 232 001.

Die Fotos auf den Seiten 68-78 wurden alle am 5. April 1971 aufgenommen.

Der Dampflokschuppen des Bw Ulm war nur 6-ständig, die meisten Loks mussten deshalb draußen auf den Freiständen bleiben. Auf Gleis 1 stand an diesem Tag die 003 113, hier nicht zu erkennen, auf Gleis 2 die 078 297 vom Bw Aalen. Offenbar kam diese T18 noch häufiger nach Ulm.

Folgende Seite:
003 281 steht vor dem damals modern anmutenden, nach dem zweiten Weltkriegs gebauten Verwaltungsgebäude des Bw Ulm mit mir auf dem Führerstand. Aufgenommen von meinem Vater, der mich am 5. April 1971 begleitet hatte.
Beeindruckend sind die 2,00 Meter großen Treibräder der eleganten Maschine mit der Achsfolge 2 C 1.

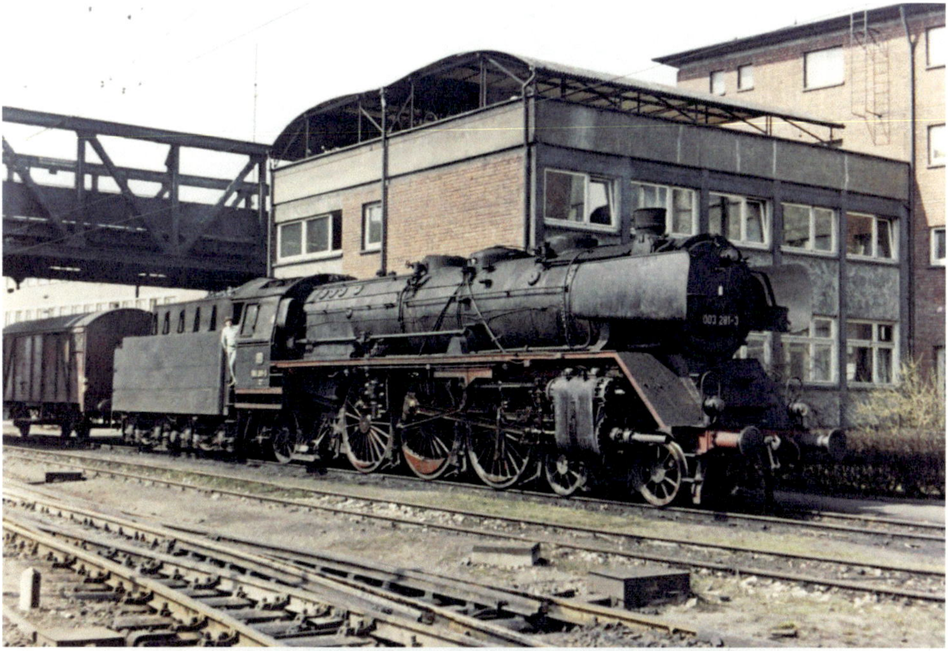

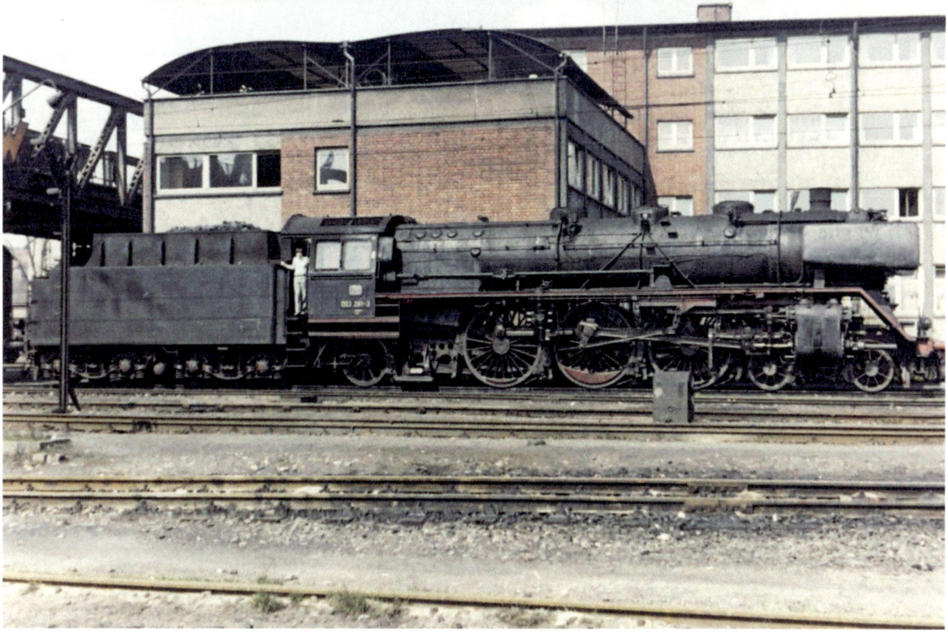

232 001 auf den Freiständen des Bw Ulm

Die 232 001 war ein 1962 gebautes Einzelstück, das wusste ich damals jedoch nicht. Die ursprüngliche Bezeichnung war V320 001, was auf ihre Leistung von 3200 PS hinweist, die durch zwei Motoren mit jeweils 1600 PS (aus der V160) erreicht wurde (später wurde die Leistung sogar auf 3800 PS erhöht). Sie hatte sechs Achsen und war mit gut 121 Tonnen die schwerste jemals gebaute deutsche Diesellok (zum Vergleich: die V200 wog lediglich 80 Tonnen).

Die Lok war von Henschel in Eigenregie entwickelt worden. Trotz hervorragender und ruhiger Laufeigenschaften und der hohen Höchstgeschwindigkeit von 180 km/h wurden diese Lokomotiven von der Bundesbahn nicht in Serie bestellt, wohl hinsichtlich der vorgesehenen Elektrifizierung der noch verbliebenen geeigneten Strecken. Jedoch war diese Entwicklung für Henschel nicht umsonst, auf der Grundlage der V320 gebaute Maschinen verkaufte die Firma bis nach China und Russland.

Die 232 001 wurde von der Bundesbahn lediglich angemietet und 1974 wieder an den Hersteller zurückgegeben. Sie war dann in der Folgezeit bei verschiedenen Privatbahnen unter ihrer alten Nummer 320 001 eingesetzt und ist heute noch museal und (wahrscheinlich) auch in betriebsfähigem Zustand erhalten.

Bei der Deutschen Bahn wurden die von der DDR-Reichsbahn übernommenen 6-achsigen russischen Großdieselloks („Ludmilla") ab 1994, obwohl von der V320 sicherlich stark verschieden, ebenfalls als Baureihe 232 bezeichnet.

Die Freistände des Bw Ulm, im Hintergrund der Lokschuppen.

Die einzige an diesem Nachmittag von Ulm aus eingesetzte 03 war die 003 281 (im Schuppen stand noch die 003 113 in Reserve).

Alle acht restlichen 03 waren also irgendwo beschäftigt und unterwegs.

Die 003 281 sollte am Nachmittag noch einen Eilzug nach Friedrichshafen am Bodensee bringen.

Für die neben ihr stehende Crailsheimer 023 028 ging es in die Gegenrichtung, nach Lauda.

Mittlerweile stand die 003 281 auf dem Gleis, wo sich zuvor die 023 028 befunden hatte. Die 03 hatte in der Zwischenzeit restauriert und wartete nun auf ihre Fahrt nach Friedrichshafen.

Die 23 028 hatte das Bw Ulm bereits verlassen, um ihren Eilzug nach Lauda zu übernehmen.

Im Vordergrund mein Vater, der mich bei diesem Ausflug nach Ulm begleitet hatte. Offenbar war man damals auch noch in der Freizeit mit Krawatte unterwegs. Die elegante Plastiktüte würde man heute allerdings eher durch einen Rucksack ersetzen.

Weiter hinten sieht man den Lokführer der 003 281 in seiner Arbeitskleidung, die Hände mit der obligatorischen Putzwolle reinigend.

Den Lokführer der 003 281 besuchte ich vor der Abfahrt noch auf seinem Führerstand, denn auf einer 03 war ich bis zu diesem Tag noch nicht gewesen.

Bald darauf verließ der Lokführer mit seiner 03 das Bw Ulm in Richtung Hauptbahnhof, um den nächsten Eilzug nach Friedrichshafen am Bodensee zu bespannen.

003 281 auf der Drehscheibe des Bw Ulm

Von den Schnellzuglokomotiven der Baureihe 03 (bei der
Bundesbahn ab 1968 als 003 bezeichnet) wurden 298 Stück in den
Jahren 1930-38 gebaut.

Die 03 war eine leichtere Variante der bereits ab 1926 gebauten
Einheitslok 01 und konnte aufgrund ihrer geringeren Achslast von 18
Tonnen gegenüber den 20 Tonnen der 01 auch auf Nebenstrecken
eingesetzt werden. An die Leistung der 01 (2240 PS) kam die 03
(1980 PS) allerdings nicht heran, was sich im Schnellzugeinsatz
bemerbar machte, vor allem beim Beschleunigen und bei
Steigungen. Bei Fernzügen konnte die 03 manchmal die Fahrzeiten
nicht einhalten (mit Eilzügen hatte sie natürlich „leichtes Spiel").

Trotz dieses Mankos erreichte die 03 mit 130 km/h die gleiche
Höchstgeschwindigkeit wie die 01. Bei beiden Baureihen gab es
aber auch leistungsgesteigerte und ölgefeuerte Maschinen, die für
140 km/h zugelassen waren.

003 281 auf dem Weg zum Ulmer Hauptbahnhof

023 028 hatte schon vorher einen Einsatz

VIII Crailsheimer Jumbos und Neubauloks

Von unserem Urlaubsort Untergröningen aus wollte ich natürlich auch noch das sich in relativer Nähe befindende große Bw Crailsheim besuchen. Relativ, denn mit dem Fahrrad war es doch schon noch eine ordentliche Strecke (so um die 60 km), die zudem nicht immer ganz eben verlief.

Dort angekommen meldete ich mich bei der Lokleitung an, und mir wurde einer der Beschäftigten als Begleitung mitgegeben. Man wollte nicht, dass sich jemand unbegleitet auf dem Gelände aufhielt, was man aus Sicherheitsgründen natürlich durchaus verstehen konnte.

Bei späteren Besuchen bin ich aber ohne Begleiter auf dem Gelände herumspaziert, weil ich mich frei und ungezwungen bewegen und so lange bleiben wollte, wie ich Lust hatte. Das kam leider nicht immer gut an, eigentlich nie, sofern man mich erwischte, was meistens der Fall war. Soll heißen, ich wurde regelmäßig etwas unfreundlich des Grundstücks verwiesen.

Um das Jahr 1971 beheimatete Crailsheim eine größere Anzahl (ca. 30) Neubaulokomotiven der BR 23 sowie noch Güterzuglokomotiven der Baureihen 44 und 50. Die 44er wurden aufgrund ihrer Größe und hohen Zugkraft auch „Jumbos" genannt.

Im Gegensatz zu den anderen in diesem Büchlein vorgestellten Lokomotiven hatten die 44er in allen Ausführungen drei statt zwei Dampfzylinder, was man schon von weitem hörte, wenn sich eine näherte. Statt eines „tsch-tsch-tsch-tsch" klang es dann eher wie „trrrr-trrrr-trrrr-trrrr".

Zwischen 1926 und 1949 wurden 1989 Stück dieser Baureihe gebaut. Ab 1942 gab es bei den 44ern kriegsbedingt einige Vereinfachungen, so wurden zum Beispiel die vorderen Fenster des Führerstands und die Windleitbleche weggelassen. Mit letzteren wurden sie bei der Bundesbahn dann später aber doch noch ausgestattet.

Sowohl bei der DB als auch bei der DR der DDR wurden einige Loks der Baureihe 44 auf Ölfeuerung umgebaut, was sowohl deren Leistung erhöhte, als auch die Arbeit der Heizer erleichterte. Die kohlengefeuerten 44er waren bei den Heizern nämlich etwas unbeliebt, da sie erheblich mehr Dampf und damit auch mehr Kohle verbrauchten als etwa die 50er und entsprechend mehr geschaufelt werden musste. Es waren halt „Jumbos".

Die ölgefeuerten 44er erhielten bei der DB ab 1968 die Baureihenbezeichnung 043. Beim Bw Crailsheim waren allerdings nur kohlengefeuerte Loks stationiert.

Der Blick vom Bahnbetriebswerk auf die Stadt Crailsheim, hier bei einem Besuch Anfang des Jahres 1975. Später in diesem Jahr endete bereits der Einsatz der BR 23 in Crailsheim. Im Hintergrund steht schon eine Reihe abgestellter 23er.

044 552 auf der Drehscheibe des Bw Crailsheim. In der Mitte unterhalb des Kessels befand sich der dritte Zylinder. Die Fotos auf den Seiten 81-86 wurden alle am 8.4.1971 aufgenommen.

Die 44er waren außer den wenigen gebauten 45ern die stärksten deutschen Güterzuglokomotiven. Die Leistung der kohlengefeuerten betrug 1910, die der ölgefeuerten Loks 2100 PS.

Folgende Seite oben:
Die 044 657 hatte nur ein Seitenfenster auf dem Führerstand, wurde also zu Kriegszeiten gebaut. Die Lok wurde zum Vorbild für den österreichischen Modellbahnhersteller Roco.

Folgende Seite unten:
Ein Jumbo unter der Großbekohlungsanlage. Der Heizer zeigt „vollen Einsatz".

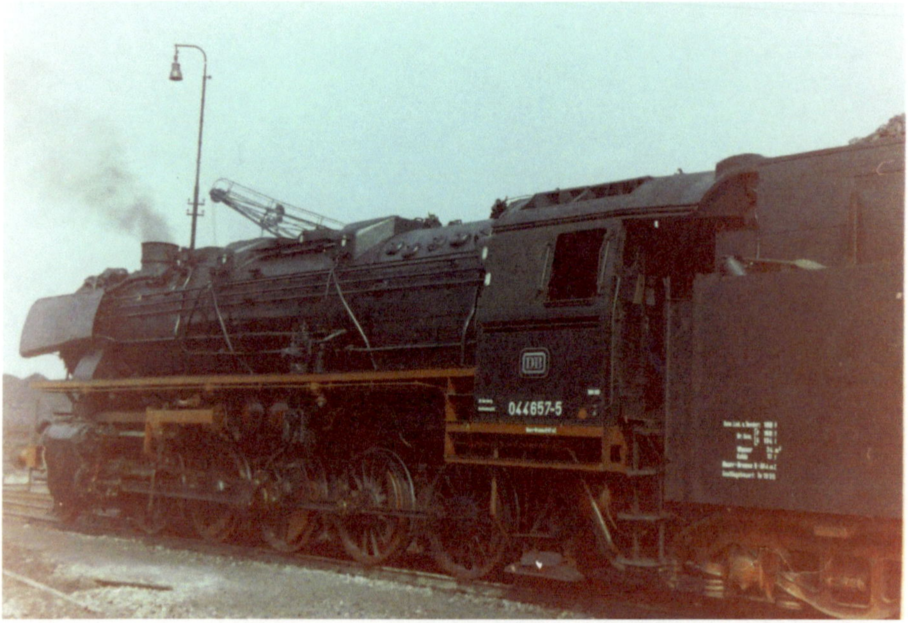
044657-5

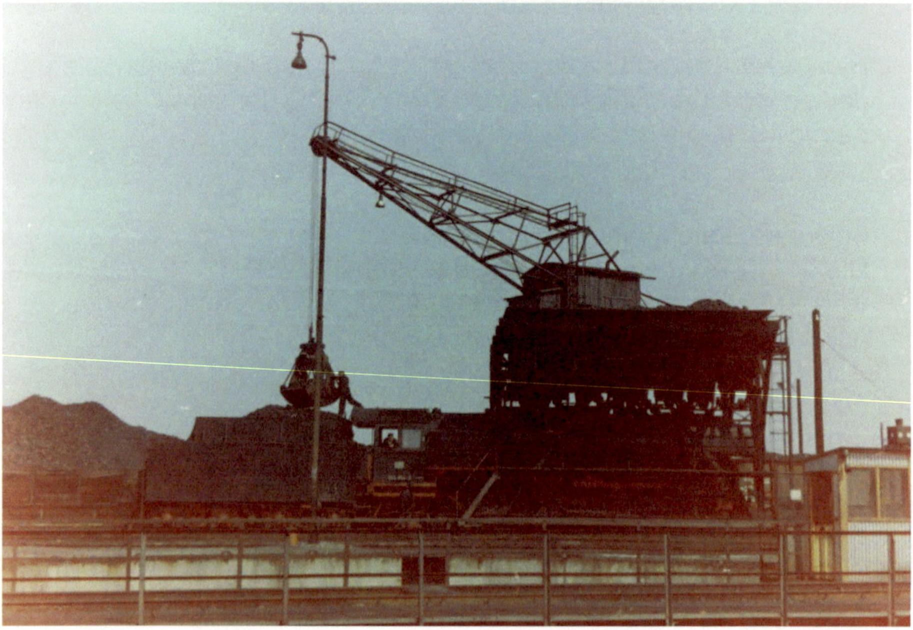

Die Freistände des Bw Crailsheim, Prellböcke gab es keine

Crailsheim hatte auch noch größere Vorräte des „Schwarzen Goldes"

023 061 wird gründlich inspiziert, dahinter 023 070.

Vorbeifahrt eines schweren Güterzugs mit 50ern in Doppeltraktion am Bw Craisheim.

023 061 mit offener Rauchkammertür. In geschlossenem Zustand schloss sie luftdicht ab.

Ein großer Teil der Neubauloks der Baureihe 23 sind zum Ende der Dampflokzeit in Crailsheim zusammengezogen worden.
Aber auch in Kaiserslautern und Saarbrücken waren bis 1975 noch 23er in größeren Kontingenten im Einsatz.

Das Ende des Sommerfahrplans 1975 markierte dann aber das Ende des gesamten 23er Einsatzes und damit gleichzeitig das Ende aller Neubaudampflok-Einsätze bei der Bundesbahn.

Die für zirka vierzig Jahre Betrieb konzipierten Neubau-Dampfloks der DB (außer der BR 23 gab es noch die Baureihen 10, 65, 66 und 82) wurden durchschnittlich weniger als die Hälfte dieser Zeit genutzt.

Erfreulicherweise existieren aber heute noch acht 23er, zum großen Teil betriebsfähig.

Die Freistände mit dem charakteristischen Wasserturm im Hintergrund, 1972. Der Wasserturm ist wie bei fast allen BWs das einzige, was aus der Dampflokzeit übriggeblieben ist.

Der Lokschuppen des Bw Crailheim, 1972

Von dieser Seite konnte man sich ins Bw „hineinschleichen".

Blick von der Fußgängerbrücke des Bw Crailsheim, Frühjahr 1975. Die Ablösung in Form von Dieselloks der BR 215 steht schon bereit.

VIII Tübinger P8, Bubiköpfe und mehr

Anfang der 1970er Jahre führte ich einen mehr oder weniger umfangreichen Schriftwechsel mit diversen Stellen der Deutschen Bundesbahn, zum Beispiel der Bundesbahn-Direktion (BD) Stuttgart und auch einigen Bahnbetriebswerken, wobei letztere nicht immer auf meine Anfragen antworteten, diese aber immerhin an die BD Stuttgart weiterleiteten. Zu letzteren gehörte das große Bw Crailsheim.

Meine Anfragen betrafen vor allem den Bestand an Dampfloks und den voraussichtlichen Zeitpunkt deren Ausmusterung. Eine heraus-ragende Antwort erhielt ich vom Bahnbetriebswerk Tübingen, das mir dessen Bestand genauestens mitsamt den Lok-Nummern mitteilte. Mein Brief vom 1.2.1971 wurde bereits zwei Tage später beantwortet.

Demnach waren am 3.2.1971 beim Bw Tübingen noch folgende P8 beheimatet:
038 039-4, 156-6, 313-3, 382-8, 553-4, 631-8, 637-5, 650-8,
711-8, 772-0, 970-0.

Dies waren gleichzeitig die elf letzten eingesetzten P8 der DB.

Auf „z" (von der Ausmusterung zurück-) gestellt waren noch:
038 057-6, 366-1, 509-6, 559-1 und 626-8
sowie als Heizlok in Lindau die 038 791-0 vorhanden.

Außerdem gab es noch vier „Bubiköpfe" (64er):
064 094-6, 289-2, 518-4, 519-2

und acht 50er:
050 383-9, 443-1, 584-2, 612-1

051 559-3, 681-5

052 613-7, 953-7

Auf „z" gestellt:
051 143-6, 736-7
Außer den auf „z" gestellten und der Heizlok waren das also noch dreiundzwanzig in Tübingen stationierte „aktive" Dampfloks.

Eine recht geringe Zahl gegenüber den Einsatzzahlen von Crailsheim zum Beispiel, wo zu dieser Zeit an die dreißig 23er und auch noch etliche 44er und 50er beheimatet waren.

Im Vergleich zum Dampflokbestand von Aschaffenburg (neun oder zehn Maschinen) oder gar zum Restbestand von Aalen (drei 78er) war der Tübinger Bestand aber doch noch ganz ordentlich.

Mit dem Schreiben des Bw Tübingen vom Februar 1971 wurde mir außerdem mitgeteilt, dass noch nicht sicher sei, wann die Loks der BR 38 ausgemustert werden würden.

An dieser Stelle „nachträglich" meinen herzlichen Dank für diese Informationen, die ich in solcher Exaktheit sonst von keiner anderen Stelle erhielt. Ich weiß nicht mehr, ob ich mich damals überhaupt bedankt hatte.

Erstaunlicherweise wurden die letzten P8 bei der Bundesbahn erst Ende 1974 aus dem Einsatz genommen, bei der DDR-Reichsbahn schon 1972.

Dies mag damit zusammenhängen, dass in der DDR noch eine größere Anzahl von Dampfloks neu gebaut oder „rekonstruiert" (=umgebaut, leistungsgesteigert und modernisiert) wurden. Auf die alten Länderbahnloks im Originalzustand konnte man daher manchmal sogar schon früher als bei der DB verzichten.

Bei der DB beschränkte sich die Ertüchtigung von Dampflokomotiven, falls sie überhaupt durchgeführt wurde, soweit mir bekannt auf den gelegentlichen Einbau neuer Kessel und den Umbau einiger Loks auf Ölfeuerung.
Die DDR-Reichsbahn führte umfangreichere Umbauten durch, auch um die Loks auf die schlechtere Braun- statt der besseren Steinkohle einzutrimmen.

Besucht habe ich das Bw Tübingen leider erst im Mai 1972.
Da waren natürlich einige der vorgenannten Lokomotiven schon bereits auf „z" gestellt oder sogar ausgemustert.

052 613 und 038 711 auf den Freiständen vor dem Schuppen des Bw
Tübingen, 14.5.1972.

Die Tübinger P8 hatten, sofern sie vorher bei anderen Bws
stationiert und mit den Wannentendern der BR 52 ausgerüstet
worden waren, wieder ihre originalen Kastentender erhalten, da man
die Loks auch auf kürzeren Drehscheiben, wie zum Beispiel in
Böblingen, wenden können wollte.

Der Lokschuppen des Bw Tübingen hatte, soweit ich mich erinnere,
im Inneren aber auch eine Schiebebühne wie das Bw Mannheim.

Die ehemalige Heilbronner 038 631 steht leider schon etwas „gefleddert" (mit abgebauten Lampen) auf einem Abstellgleis des Tübinger Bahnbetriebswerks, 14.5.1972.

Sie war wenige Wochen vorher, am 18.4.1972 auf „z" gestellt worden und kam bis zu ihrer Ausmusterung am 1.8.1972 nicht mehr in Fahrt.

Vorherige Seite:
Das Problem des Beklauens von Teilen der abgestellten Loks war
zu dieser Zeit den Verantwortlichen natürlich schon längst bekannt.
Die Aufschrift auf dem Schild im Führerstand lautete:
„Lok soll der Nachwelt <u>erhalten bleiben</u>
Entnahme von Teilen strengstens verboten".
Allerdings kam es anscheinend hier nicht mehr zum Erhalten, laut
einer Datei im Internet wurde die 038 553 dann doch noch
verschrottet.

Besser erging es der 038 711, hier mit 052 613 aus verschiedenen
Blickwinkeln. Diese P8 erhielt später noch eine Gnadenfrist beim Bw
Rottweil, wo sie erst Ende 1974 abgestellt wurde.
Seither befindet sie sich in Privatbesitz und offenbar in einem recht
gutem Zustand.

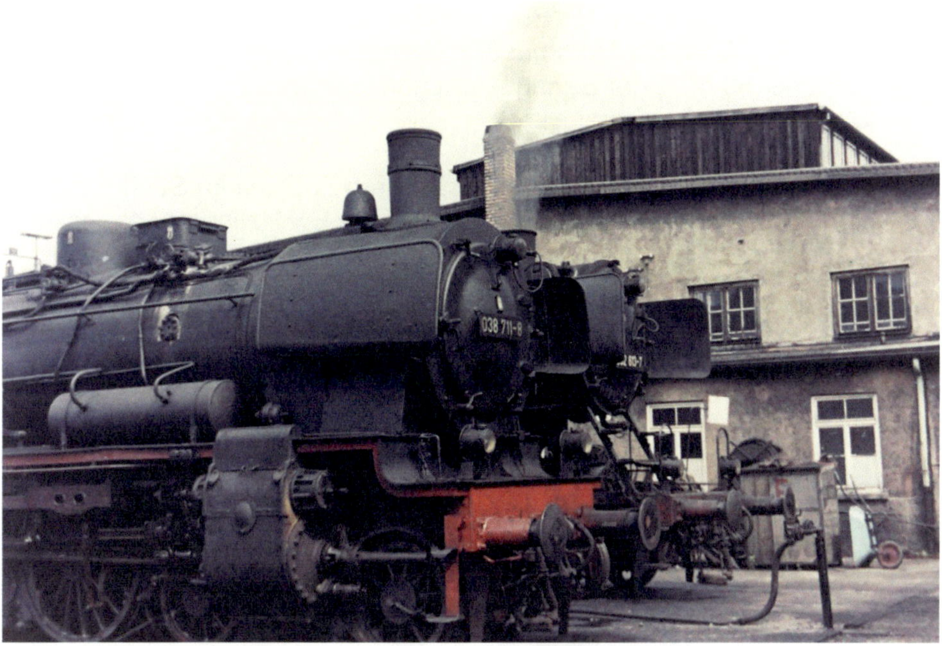
038 711-8

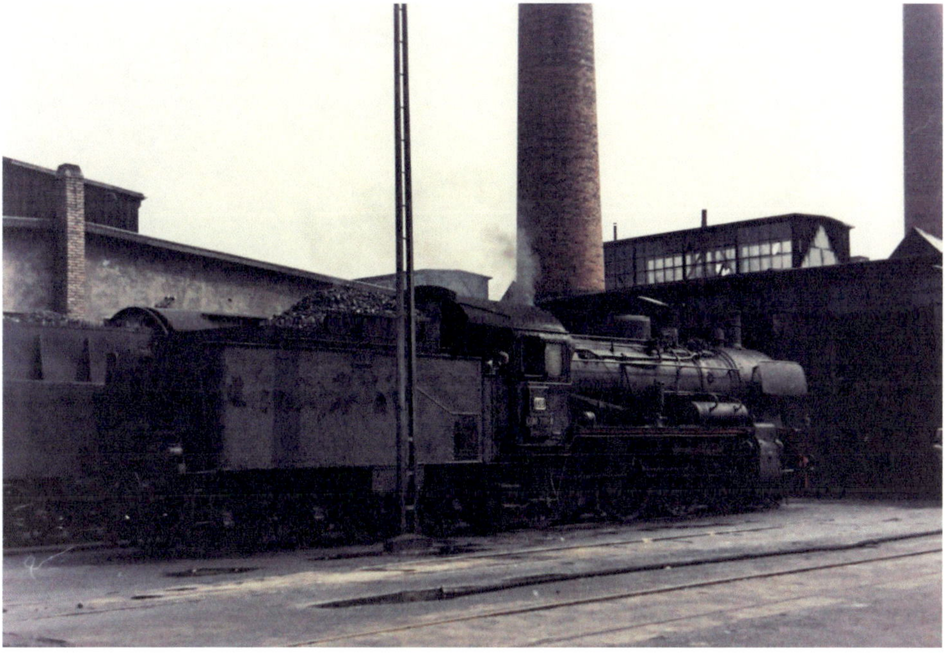

Auf den Freiständen des Bw Tübinger sah man am 14.5.1972 auch die T3 mit der Nummer 888 (Baujahr 1912, Reichsbahn-Nummer 89 407) der Bahngesellschaft „Eurovapor", die damals für Sonderzüge eingesetzt wurde.

Später wurde sie in nicht betriebsfähigem Zustand im Süddeutschen Eisenbahnmuseum, also dem ehemaligen Bw Heilbronn, abgestellt.

Folgende Seite:
Die 50er, die T3, die 64 und auch die P8 ganz links (Nummer leider nicht mehr bekannt), waren zu dieser Zeit noch im aktiven Einsatz im Plan- und Sonderzugdienst.

Ein anderer Blickwinkel zeigt nochmals die T3 und die 064 518.
Im Hintergrund die alte Fußgängerbrücke.

Weiterhin sah man auf dem Gelände des Bw Tübingen noch eine
Tenderlok mit der Aufschrift „Hzl", was „Hohenzollerische
Landesbahn" heißen soll. Hinter ihr die 038 650.

Daneben eine 50er bei der Rauchkammerreinigung.

Auf dem Schild am Boden stand „Vorsicht Löschgrube", wohl eine
Vorsichtsmaßnahme, dass niemand hineinfällt.

Hinter der Hzl-Tenderlok stand die 038 650, die zufällig an diesem 14.05.1972 auf „z" gestellt worden war, ausgemustert wurde sie am 20.07.1972.

Sie hat noch die „Letzte Fahrt" - Aufschrift auf den Windleitblechen (wann diese war, weiß ich nicht) und anscheinend auch ein „nicht Beklauen-Schild" im Fenster.

Später wurde die Lok als Denkmal in nicht allzu gutem Zustand auf einem Einkaufsmarkt-Parkplatz in Böblingen aufgestellt (wo sie sich möglicherweise immer noch befindet), aber wenigstens nicht verschrottet.

IX Mit Dampf durch Unterfranken

Im Sommer 1969 konnte ich bei Bekannten in Weilbach, das ist ein Dorf zwischen Amorbach im Odenwald und Miltenberg am Main, ein paar Tage Ferien machen.
Schon die Bahnfahrt dorthin war für mich interessant, unserem Zug kam mindestens einmal eine P8 entgegen.

Bei einem Ausflug ins nahegelegene Miltenberg ein weiteres Highlight: Die von dort am Main entlang nach Aschaffenburg fahrenden Personenzüge wurden von Tenderloks der BR 64 gezogen, eine Baureihe, die ich (zumindest bewusst) bis zu diesem Zeitpunkt noch nicht gesehen hatte.
Ein Stückchen sind wir dann mit einem solchen Dampfzug gefahren, bis Klingenberg am Main. Dort war ein Kloster, wo die Mönche ihr selbstgebrautes Bier verkauften. Für mich gab es eine Limonade, wenn auch nicht selbstgebraut.

Nach solchen Erlebnissen wollte ich natürlich gerne wieder mal nach Weilbach. In den Pfingstferien 1971 war es dann soweit.
Vorausschauend nahm ich mein 10-Gang Fahrrad mit.

Wie ich durch ein Gespräch mit einem Lokführer einer BR 65 in Weinheim wusste, waren die Darmstädter 65er, zumindest ihr Restbestand, inzwischen in Aschaffenburg beheimatet.

Um Genaueres zu erfahren, habe ich am 1.3.1971 das Bw Aschaffenburg angeschrieben, das mir auch prompt antwortete, dass von den Loks der BR 65 „noch fünf in Betrieb" sind und „voraussichtlich im Februar 1975 ausgemustert" werden würden. Und weiter: „Diese Loks sind auf der Strecke Aschaffenburg-Miltenberg eingesetzt".

Außerdem waren noch vier Loks der BR 64 in Aschaffenburg beheimatet, die „überwiegend für Arbeitszüge eingesetzt und im Ersatzbedarf auch auf der Strecke Miltenberg-Aschaffenburg im Personenzugdienst verwendet" wurden.

Die Neubau-Dampfloks der Baureihe 65, gebaut von 1951-56 hatten also - wie eigentlich vorgesehen - die alten „Bubiköpfe" (BR 64, gebaut von 1928-40) wenigstens in Unterfranken im planmäßigen Betrieb abgelöst.
Eigentlich aber doch nicht so wirklich, denn man sah beide Baureihen im Jahr 1971 noch einträchtig auf der Strecke im Einsatz.

Was man beim Bw Aschaffenburg im März 1971 offensichtlich überhaupt noch nicht ahnte, war, dass alle Neubauloks der BR 65 bis Ende des Jahres 1972 ausgemustert oder auf „z" gestellt sein würden.

Man hatte wohl nicht mit dem Eifer bei der DB gerechnet, ganze Baureihen zu „bereinigen", und das hieß, sie aus dem Verkehr zu ziehen und zu verschrotten. Und das war bei den fünf letzten, nur noch bei einem Bw eingesetzten 65ern ja viel einfacher, als bei den noch in größerer Anzahl und noch von mehreren Bundesbahn-Direktionen eingesetzten 64ern.

So überlebten die Altbauloks schließlich die Neubauloks auch beim Einsatz auf der Strecke Miltenberg-Aschaffenburg. Die 64er waren ja schließlich auch in 520 Exemplaren gegenüber den nur 18 Loks der BR 65 gebaut worden. Von den 65ern der DB entging lediglich die 065 018 der Verschrottung.

Für die Deutsche Reichsbahn der DDR wurden in den Jahren 1954-57 ebenfalls Neubauloks einer BR 65 gebaut, die der DB-Reihe recht ähnlich, für mein Empfinden aber sogar hübscher waren. Die Baureihe 65 ging offenbar auf ein Reichsbahn-Projekt aus den dreißiger oder vierziger Jahren zurück. Von den 88 gebauten 65ern der DDR existieren heute noch drei.

Folgende Seite zeigt 065 008 mit Personenzügen nach Aschaffen-burg in Miltenberg Hbf und kurz nach Verlassen der Stadt. Der alte Wagen im oberen Bild macht ja schon einen recht rußigen Eindruck (wer die „Besucher" auf der Lok sind, weiß ich nicht).

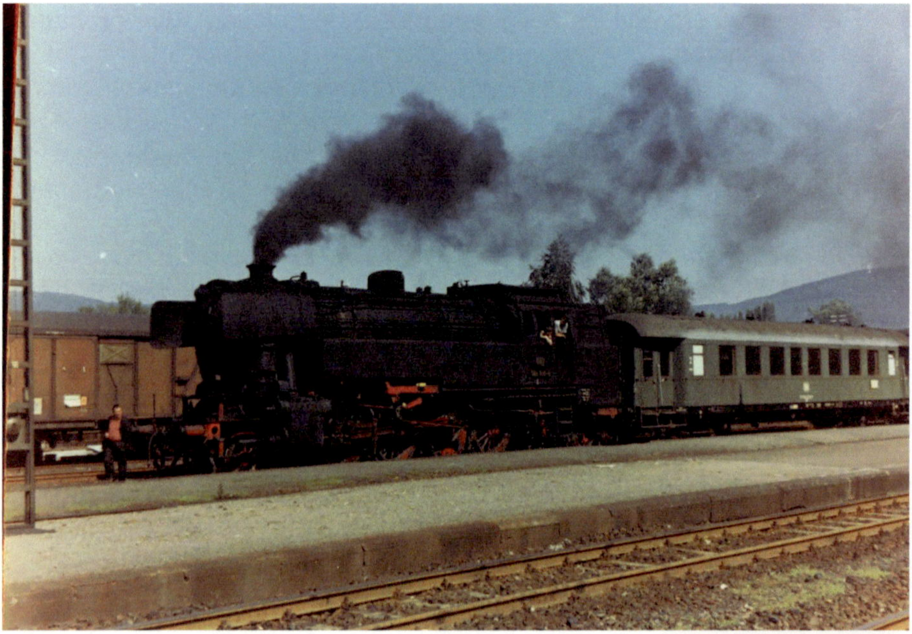

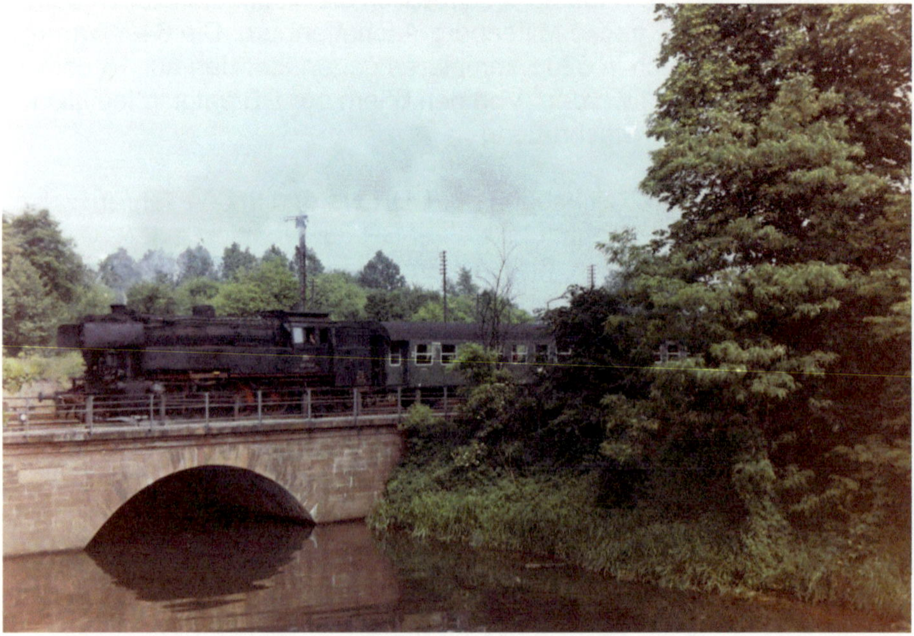

065 001 in Miltenberg am Main, Mai 1971

65 008 mit Personenzug Aschaffenburg-Miltenberg, 1. Juni 1971

Eine der letzten vier Aschaffenburger Loks der BR 64 war die 064 106, hier am 1.6.1971 mit ihrem Personenzug bei Klingenberg/Main.

Vorherige Seite: der Personenzug Miltenberg-Aschaffenburg steht mit 065 013 abfahrbereit in Miltenberg/Main, Mai 1971. Den Bahnhof und selbst die Gleise gibt es heute an dieser Stelle nicht mehr.

Die 65er sah man aber auch noch öfters vor Nahgüterzügen, hier wiederum die 065 013 in Amorbach an einem warmen sonnigen Tag im Juni 1971. Die 64er sah ich hingegen nie im Güterzugeinsatz. Vielleicht waren sie dafür doch etwas zu schwach. Die 65 hatte ja gegenüber der 64 eine weit höhere Leistung: 1480 gegenüber nur 930 PS. Erstere war auch wesentlich größer und schwerer. Die Achsfolge der 65 war 1 D 2, die der 64 war 1 C 1. Genau die gleiche Größe hatten indessen die Treibräder: 1,50 m.

Folgende Seite: Wenn keine 65 zur Verfügung stand, griff man auch für kurze Güterzüge auf die 50er von den Bws Nürnberg oder Schweinfurt zurück. Hier auf der Strecke Amorbach-Miltenberg, Mai 1971.

Die damals häufig und gern gefahrene 064 106 bei der Ausfahrt aus dem alten Miltenberger Hauptbahnhof, Mai 1971.

Das Bw Aschaffenburg am 1.Juni 1971, zwei 50er stehen draußen, im
Schuppen drei 64er und eine 65.

111

065 001 mit einem Kurzgüterzug bei Weilbach/Ufr., Juni 1971

X Die letzten Mohikaner von Rottweil

Die letzten vier Dampflokomotiven der Bundesbahn, die noch aus der Länderbahnzeit vor der Gründung der Deutschen Reichsbahn stammten, waren beim Bw Rottweil stationiert.

Dabei handelte es sich um drei P8 (038 382, 711 und 772) und eine T18 (078 246). Es war das Jahr 1974, und ich hatte nicht damit gerechnet, dass diese Loks noch so lange im Einsatz sein würden. Offensichtlich herrschte einerseits Mangel an Dieselloks, andererseits ist ja die Sparsamkeit der Schwaben gut bekannt. Jedenfalls hatten diese Lokomotiven noch „TÜV", sprich Kesselfristen, sonst hätte man sie auch im „Ländle" schon längst verschrottet, mindestens aber ausgemustert.

Im April 1974 machte ich eine Radtour in den Schwarzwald und kam schließlich bis Horb am Neckar.
Dort stand zufälligerweise ein Personenzug mit der 078 246 und der 064 491 in Doppeltraktion mit dem Ziel Rottweil. Da hatte ich wohl außerordentliches Glück. Also nichts wie eine Fahrkarte gekauft und mitgefahren.
Es war wieder ein Dienstag nach Ostern, der 16.4.1974.

Die 064 491 war vom Bw Crailsheim ausgeliehen, wo sie aber auch erst ein paar Monate stationiert war, bis Juni 1973 hatte sie zum Bestand des Bw Heilbronn gehört.

Das Foto auf der Folgeseite habe ich während der Fahrt von Horb nach Rottweil aufgenommen. Vorne fährt 078 246, dahinter 064 491, ist leider nicht so gut zu erkennen.

Ob dies ein planmäßiger Zug oder ein Sonderzug war, weiß ich nicht mehr, da im April 1974 einige Sonderzüge mit diesen Loks unterwegs waren. Allerdings hatte dieser Zug nur relativ wenige Fahrgäste und ein besonderes Fahrgeld wurde nach meiner Erinnerung auch nicht erhoben.

Nach der Ankunft in Rottweil ging es für 078 246 und 064 491
zunächst mal zum Restaurieren ins Bw. Damals natürlich schon viel
beachtet von Fotografen.

Die 064 491 wurde einen Monat später, im Mai 1974 auf „z" gestellt
und im September ausgemustert. 078 246 war noch bis Ende des
Jahres rund um Rottweil im Einsatz.
Beide Loks sind museal, möglicherweise in betriebsfähigem
Zustand, erhalten geblieben.

Nachfolgende Seite:

Auch die Rottweiler Bekohlungsanlage war nicht die größte.

Die bereits von Tübingen her bekannte 038 711 konnte man zu
dieser Zeit noch in ihrem letzten Heimat-Bw Rottweil antreffen.

Nach dem Restaurieren kommt 064 419 wieder zum
Bahnhof, um sich vor einen Personenzug zu setzen.

064 491 hat, nunmehr wieder allein, einen Personenzug in den schönen Schwarzwald übernommen. Warum nur eine ihrer Lampen brannte, ist nicht bekannt.

Im Hintergrund die Silhouette von Rottweil. Der Bahnhof ist, zumindest für Fußkranke, etwas weit vom Stadtzentrum entfernt (es fährt allerdings ein Bus).

064 491 bei der Ausfahrt aus Rottweil, 16. April 1974

Auch 078 246 steht dann wieder mit einem Personenzug zur Abfahrt nach Villingen bereit.

Vor der Abfahrt des Zuges hab ich einen Schwarz-weiß-Film
eingelegt, anscheinend hatte ich keinen Farbfilm mehr.
Warum die Qualität so schlecht ist, weiß ich nicht. So spät war es
noch nicht (etwa 16.40 Uhr) an diesem 16. April, das Gegenlicht bei
oberem Foto sicher ungünstig.

An diesem Tag sah man auch 053 097, eine der wenigen Loks der BR 50 mit Wannentender, mit einem Personenzug bei der Einfahrt in Rottweil. Die 50er bespannten ja noch die Mehrzahl der dampf-geführten Personenzüge bei der Bundesbahn.

Imposant diese „Sammlung" zweiflügeliger Signale, zusätzlich wird noch durch Gleissperrsignale gesichert.

XI Schlussbetrachtungen

In den letzten Jahren des Dampfbetriebs entwickelte sich die Anzahl der Lokfans umgekehrt proportional zur Anzahl der noch vorhandenen Lokomotiven. Die Dampfnostalgiker vermehrten sich also in dem Maße, wie der Bestand an Dampfrössern abnahm. Was man ja durchaus verstehen konnte.

Allerdings, je zudringlicher die Fans wurden, desto reservierter wurde das Bahnpersonal. So musste man sich beispielweise 1976 vor einem Besuch des Bw Rheine dort vorher schriftlich anmelden.

Ganz extrem wurde es dann später, als gar keine Dampfloks mehr planmäßig eingesetzt wurden, sondern nur noch Sonderfahrten stattfanden. Da standen sich die Fotografen meist selbst im Bild.

Heute ist kaum noch vorstellbar, wie ich damals die Dampf-Bws der Bundesbahn meist ganz allein durchstreifen und sogar die Führerstände der Loks besuchen konnte. Das war auch ein unvergleichliches, in dieser Dichte nicht mehr wiederholbares olfaktorisches Erlebnis, ein Gemisch von Dampf, Rauch, heißem Öl und Eisen.

Die Bundesrepublik Deutschland war damals ein Fleckchen Erde mit weitgehendem Wohlfühlen, wo großes gegenseitiges Vertrauen herrschte. Man kam komischerweise gar nicht auf die Idee, etwas klauen, abbauen oder kaputt machen zu wollen, bzw. dass das jemand vorhatte.
Später änderte sich dies. Als ich mal einer Lok im Museum Darmstadt-Kranichstein nur auf Armeslänge nahe kam, ohne etwas zu berühren, erhielt ich dafür gleich einen Rüffel.

Im Oktober 1976 besuchte ich ein letztes Mal das Bahnbetriebswerk Crailsheim. Mittlerweile war das für mich einfacher, ich war motorisiert, hatte mir ein Motorrad zugelegt.
Der Dampfbetrieb in Crailsheim hatte ein paar Monate zuvor, im Juni 1976, mit letzten Einsätzen von 44ern geendet. Es standen jedoch noch einige Dampfloks herum, die gerade mit Schweißbrennern zerlegt wurden oder zerlegt werden sollten. Der Anblick war mir zu traurig, um Fotos zu machen.

So oder so ähnlich ging es wohl überall bei den ehemaligen Dampf-Bws der Bundesbahn zu. Überall wurde verschrottet, nichts wurde erhalten, bis auf eine Handvoll Lokomotiven, die von Gemeinden als Denkmal aufgestellt wurden und einigen Exemplaren, die zu einem Schrottpreis von Privatpersonen, Museen oder Vereinen erworben werden konnten.

Die letzten Einsätze von Dampflokomotiven bei der Bundesbahn wurden im Oktober 1977 von Loks der Bws Rheine und Emden durchgeführt. Angepeilt hatte man das Dampf-Ende spätestens für das Jahr 1975, aber es waren nicht genügend Dieselloks vorhanden.

Unmittelbar nach den letzten Dampfeinsätzen trat ein „Dampf-Verbot" in Kraft. Es durften keine Dampfloks mehr auf den Gleisen der Bundesbahn fahren.

Bei der DDR-Reichsbahn endete, sicherlich auch der Not gehorchend, der planmäßige Einsatz von Normalspur-Dampfloks erst genau elf Jahre später, nämlich im Oktober 1988.
Gänzlich anders als bei der Bundesbahn hatte man aber mindestens ein Exemplar jeder Baureihe als sogenannte „Traditionsloks" der Nachwelt erhalten. Diese Loks wurden gelegentlich auch noch im Plandienst eingesetzt, jedoch mit der Auflage an die Lokführer, sie pfleglich zu behandeln.

Im Jahr 1985 jährte sich, für die Bundesbahn offenbar völlig überraschend, das 150-jährige Jubiläum der Deutschen Eisenbahn. Bekanntlich war ja 1835 erstmalig in Deutschland ein Eisenbahnzug gefahren, zwischen Nürnberg und Fürth.

Die Lok, die diesen Zug gezogen hatte, hieß „Adler". Dieser Adler war zwar nicht mehr vorhanden, vermutlich war man früher anscheinend schon genauso schlau wie später und hatte die Lok „verwertet". Allerdings gab es einen Nachbau des Adlers aus dem Jahr 1935, dem Jahr des 100-jährigen Bestehens der Deutschen Eisenbahn, der auch wieder betriebsfähig gemacht werden konnte.

Eine weitere einsatzbereite Dampflok, mit der man das anstehende Jubiläum standesgemäß hätte begehen können, hatte man bei der Bundesbahn zunächst nicht.

Glücklicherweise gab es aber noch die 23 105 und die 86 457. Erstere gehörte seit 1973 zum Eisenbahnmuseum Neustadt an der Weinstraße, letztere war Denkmallok in Trier seit 1974. Beide Loks konnten wieder betriebsfähig aufgearbeitet werden.

Außerdem konnte die von einem Privatmann zum Schrottpreis erworbene Schnellzuglok 01 150 von der DB zurückgekauft werden, für den Privatmann, ein Fabrikant, sicher kein so schlechtes Geschäft. Genau diese Lok hatte zufällig auch schon beim 100-jährigen Jubiläum der Deutschen Eisenbahnen im Jahr 1935 teilgenommen.

Glücklicherweise ebenfalls noch nicht verschrottet war die 01 1100. Sie konnte direkt von einem Schrotthändler erworben werden, in dessen Schuppen sie neun Jahre verbracht hatte. Wahrscheinlich war dem Händler das 1985 anstehende Jubiläum bekannt, und er hatte die Lok als Spekulationsobjekt erstmal aufbewahrt. Aber vielleicht war er ja auch ein Eisenbahnfreund.

Wie auch immer, wenn man den „Adler" dazurechnet, gab es für das Jubiläum nun immerhin fünf betriebsfähige Dampflokomotiven.

Damit noch nicht genug, konnte oder wollte auch die DDR-Reichs-bahn aushelfen, sicherlich nicht uneigennützig. Devisen konnte man ja immer brauchen.

So durfte die schnellste noch betriebsfähige Dampflok der Welt, die 02 0201 (alte Nummer 18 201), erstmals in den Westen. Deren Höchstgeschwindigkeit beträgt 180 km/h. Sie ist ein Umbau der DDR-Reichsbahn, hauptsächlich aus einer der Schnellfahr-Tenderloks der Baureihe 61 entstanden.

Die 02 0201 fährt heute noch über alle deutschen Gleise und auch im Ausland. Sie und vielleicht auch noch einige andere ehemalige Traditionsloks werden uns hoffentlich ermöglichen, auch das

200-jährige Jubiläum der Deutschen Eisenbahnen im Jahr 2035 würdevoll zu begehen.

Das Dampflok-Verbot bei der Bundesbahn wurde im Jahr 1985 zunächst gelockert, dann ganz aufgehoben und auch später nie wieder eingeführt.